AF355744

PROMENADES JAPONAISES

PROMENADES JAPONAISES
TEXTE
PAR
EMILE GUIMET
DESSINS D'APRES NATURE
(dont six aquarelles reproduites en couleur)
PAR
FELIX REGAMEY
PARIS
G. CHARPENTIER EDITEUR
N° 13,
Rue de Grenelle Saint-Germain
1878.

On entrevoit les terres japonaises dessiner, dans les brumes du matin,
leurs silhouettes étranges......

(Page 9).

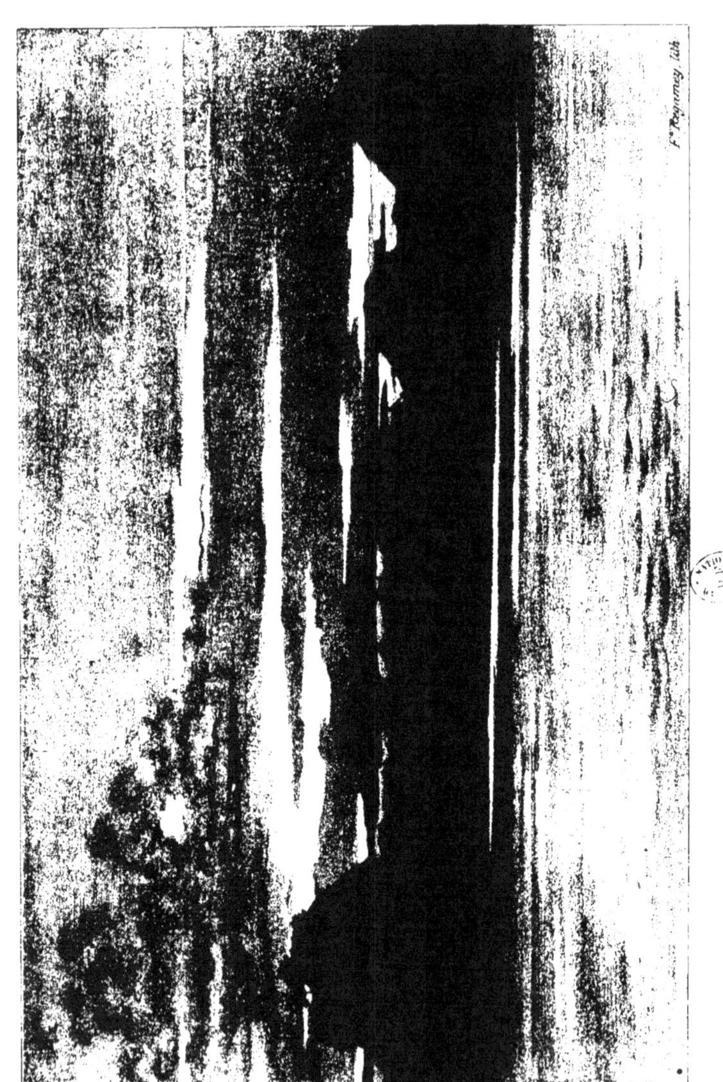

F. Regamey, lith.

PROMENADES JAPONAISES

I

FIRST IMPRESSIONS

ORSQU'APRÈS vingt-trois jours de traversée on
entrevoit les terres japonaises dessiner, dans
les brumes du matin, leurs silhouettes étranges,
une double émotion envahit l'âme.

Au plaisir bien légitime d'arriver au port
vient s'ajouter la joie de toucher enfin à ce pays
presque fantastique que le XVIIIᵉ siècle nous a
fait deviner sur des laques, des paravents, des
porcelaines et des ivoires, et que les récents événements politiques, les
nouveaux moyens de locomotion ont, tout d'un coup, mis à notre portée.

2

Si, depuis quelques années, le Japon s'est laissé envahir par les idées et les produits des peuples qui se prétendent civilisés, il a riposté avec vigueur en nous envoyant à profusion ses bronzes, ses faïences, ses peintures, ses joujoux et même ses jeunes indigènes, qui viennent avec ardeur s'initier aux progrès nouveaux.

Le navire américain l'*Alaska* qui nous a amenés de San-Francisco a, parmi ses passagers, trois Japonais qui sont allés en Amérique prendre leurs brevets d'ingénieurs. Ils sont depuis l'aurore sur le pont du bateau, attentifs comme nous, plus que nous sans doute, au panorama lointain que les îles du Japon déroulent à l'horizon.

Peu à peu nous entrons dans la baie d'Yeddo. A droite et à gauche de hautes falaises blanches, bizarrement découpées, nous font apparaître le Japon tel que nous l'avons rêvé. La verdure festonne les collines et forme çà et là comme des croûtes de végétation. Les grands pins couronnent les hauteurs de

leurs contours mouvementés, for-
més de lignes verticales dans les
tiges et horizontales dans les branches. Paysage à coups de pinceau
qui se découpe sur un ciel violet
et se reflète dans les eaux bleues.

Il pleut. Les grandes jonques
que nous croisons sont montées
par des hommes tout nus, qui
évitent par là de mouiller leurs
vêtements. Leurs chevelures ar-
rangées à la japonaise et la petite
étoffe bleue et blanche qui leur
sert de coiffure indiquent suffisamment leur nationalité. Çà et là
des barques de pêcheurs toujours
à deux, une grande à côté d'une
petite, font croire à une sorte de
mirage qui dédouble les objets et

donne deux contours, deux voiles, deux sillages, mais dont l'un est le diminutif de l'autre.

Peu à peu les *Sanpangs* des hôtels entourent le navire, et des barques de tous formats viennent chercher les marchandises. Les

hommes qui ne sont pas nus ont des blouses bleues à grands dessins blancs ou des vêtements de paille, chaume hérissé qui garantit parfaitement de la pluie et donne à l'individu qui le porte un faux air de porc-épic.

Mais quelle est cette vision antique qui apparaît sur le pont du bateau? Un groupe de jeunes Romains s'avance avec dignité; ils sont vêtus de la longue robe latine, ils ont les cheveux coupés à la Titus, leurs traits sont fins, délicats et purs, rien d'asiatique dans leur physionomie; ce sont bien les fils de Brutus que nous voyons venir à nous. Ce groupe échappé des œuvres de Cicéron se dirige droit vers nos compagnons de voyage japonais, et les jeunes Romains s'inclinent devant les ingénieurs mongoliques jusqu'à ce que leurs mains touchent leurs pieds nus. Ces

sénateurs en herbe sont les domestiques de nos Japonais. Pourquoi les
maîtres sont-ils si laids et les serviteurs si beaux?

Premier problème. Nous en rencontrerons bien d'autres !

Il faut pourtant s'occuper de ses bagages, mais la pluie gêne
beaucoup.

On laisse passer les plus pressés et l'on attend dans l'entre-pont
assis sur ses malles.

Les jeunes Japonais se sont campés sur les colis de leurs maîtres
avec des attitudes de bas-reliefs; la grâce des plis, la fermeté des contours,
la pose des bras nus, des pieds croisés, des têtes inclinées, l'harmonie
des formes qui se combinent avec les étoffes, tout rappelle les beautés
graves de l'antique sculpture... Je ne m'attendais pas à avoir sur un
bateau américain en vue d'un port de l'extrême Orient une si vive hallu-
cination de souvenirs classiques.

Non sans difficulté nous nous introduisons dans la cabine minuscule
du *Sanpangs* du Grand-Hôtel et quatre rameurs à la *godille* nous amènent

rapidement au bâtiment de la douane. Les bateliers poussent des cris cadencés pour se donner du courage et pour obtenir un mouvement régulier. Les avirons placés dans le sens du bateau tournent et oscillent sur le pivot qui les retient, de sorte que, soit par le balancement d'avant en arrière, soit par la rotation imprimée par la main, la palette de la rame reproduit exactement le coup de queue des poissons. Les oscillations alternes des rameurs rappellent, à la longue, le va-et-vient des crochets d'une machine à tricoter. Les mains fines et gracieuses semblent ne produire aucun effort et leur mouvement relevé donne plutôt l'idée d'un joueur de castagnettes que d'un rude batelier.

A la douane on paraît beaucoup plus préoccupé de vérifier si nous avons des papiers compromettants que de constater si nous entrons de la contrebande. Du reste, le douanier qui ne sait lire que le japonais, perd tout à fait son temps — et le nôtre — à feuilleter nos lettres et nos journaux.

A l'hôtel, les serviteurs sont très-nombreux. Habitude asiatique. Ils ne paraissent pas travailler énormément, mais tout ce qu'ils font est fait avec soin. Je suis frappé de trouver parmi eux des ressemblances avec les figures que j'ai l'habitude de voir en France. Suis-je donc venu au Japon pour faire connaissance avec la race de Neuville-sur-Saône?

Les bateliers poussent des cris cadencés pour se donner du courage
et pour obtenir un mouvement régulier. Les avirons placés dans le sens
du bateau tournent et oscillent sur le pivot qui les retient, de sorte que,
soit par le balancement d'avant en arrière, soit par la rotation imprimée
par la main, la palette de la rame reproduit exactement le coup de
queue des poissons.

(Page 14).

Le chemin longe un canal peuplé de barques et de bateliers.

Page 17.

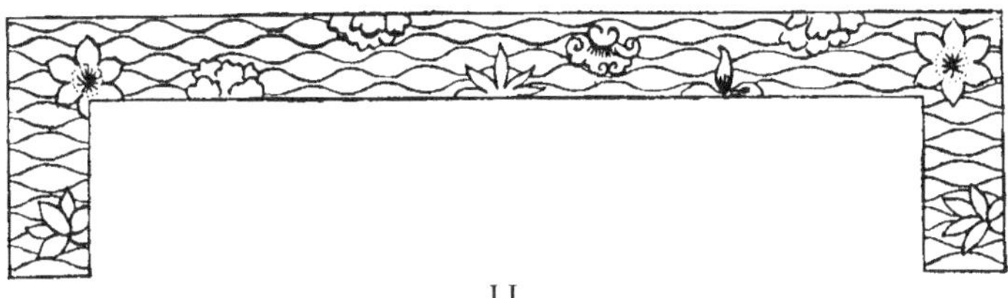

PROMENADES

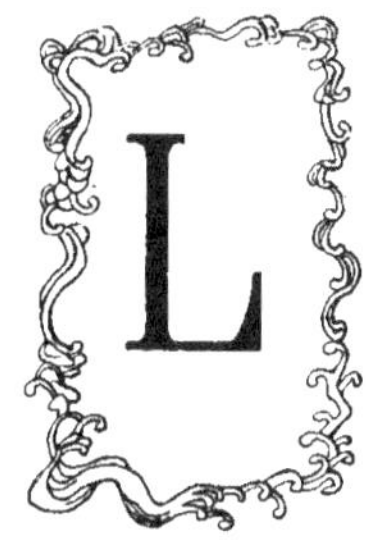

L A pluie a cessé et la chaleur est venue avec le soleil. Néanmoins nous voilà partis dans Yokohama à la recherche des impressions, et chaque pas nous révèle un fait inconnu, un contour nouveau, un type ignoré, un costume imprévu. Regardons bien ! nous venons de constater que le moindre séjour dans un pays aussi étrange suffit à blaser l'attention ; les Européens que nous avons trouvés à l'hôtel nous ont certifié que la ville était sans intérêt. N'ont-ils pas su voir ou ont-ils oublié? Regardons bien! Tout est charmant. Mais comment noter ces détails infinis et tous nouveaux? Félix a son crayon, mais il le laisse dormir dans sa poche, ne sachant par quel bout prendre cette nature harmonieuse et fantasque. Moi, j'ai mon calepin, mais qu'en faire? Il y aurait un volume à écrire rien que sur le premier chemin que nous suivons.

Ce chemin longe un canal peuplé de barques et de bateliers, bordé de pêcheurs à la ligne, dominé sur la gauche par des collines boisées dont les grands cèdres couverts de corbeaux projettent dans le ciel et sur les horizons bleuâtres des silhouettes vigoureuses.

Au milieu des arbres on aperçoit des temples grands et petits, quelques-uns sont de simples niches peintes en rouge. De larges escaliers de pierre escaladent la forêt et font deviner sur la hauteur d'autres lieux sacrés ; de grosses lanternes de pierre (Toro) et des portes saintes (Tori-i) en pierre ou en bois se cachent dans la verdure.

A droite s'étend la ville européenne à laquelle le canal sert d'enceinte et de limite. Mais une ville européenne peuplée de Japonais et de Chinois.

Les Chinois passent graves et affairés. Leurs vêtements, composés d'une camisole et d'un large pantalon, sont de couleurs claires, gris-perle, bleu tendre et blanc; il est vrai que nous sommes en été. Leur teint mat, nullement jaune, se confond avec les étoffes qu'ils portent. Sur cet ensemble fade trois touches d'encre : les souliers de satin noir, à bouts carrés et relevés, à grosses semelles blanches, la calotte en satin noir également, surmontée d'un bouton rouge et s'enlevant avec vigueur sur le crâne blanc et rasé. Enfin la longue queue tressée, mêlée de soie noire, blanche ou bleue, et qui tombe jusqu'au mollet. Vu de dos, un Chinois semble partagé en deux par un point d'exclamation délicat et allongé, symbole de l'étonnement que son bizarre costume doit inspirer aux autres peuples.

III

ORSQUE le Japon a été ouvert aux Européens, ce sont les Chinois qui sont venus. Ils y font bien leurs affaires et surtout mal celles des autres. Parlant anglais ou à peu près, lisant le japonais ou peu s'en faut, ils se sont immédiatement interposés entre les indigènes et les nouveaux venus. Très-habiles dans les questions de banque, d'escompte, de change de monnaies, de cours commerciaux, ils se sont faits utiles, commodes, nécessaires, indispensables. Aucune maison européenne n'a pu se passer d'un Chinois ; les Japonais ont forcément utilisé ce truchement. Et comme les Chinois ont éminemment le sens de l'association, ils ont formé la corporation des *compradores*, qui a grandi, s'est imposée, et tend à supplanter, au point de vue commercial, et les Japonais et les Européens.

Or, qu'est-ce qu'un compradore ?

Un compradore est un voleur que l'on institue caissier. Ce voleur est patenté, garanti par ses confrères ; il prend sa commission sur tous les

IV

ı le Chinois se couvre d'étoffes claires, le Japonais affectionne les vêtements sombres. Sa longue robe carthaginoise dont les manches pendantes et refermées lui servent de poche, peut, selon les circonstances, prendre toutes les formes. Relevée dans la ceinture elle rappelle la tunique grecque et laisse les jambes nues libres d'agir ; si l'on retrousse les manches au-dessus des épaules, on a un peplum élégant sur lequel se détache le contour des bras ; et si l'étoffe n'est que posée et drapée autour du cou, on obtient des effets de chlamydes fort gracieux. Du reste, la population japonaise de Yokohama ne se compose que de portefaix, de manœuvres, de domestiques et de petits marchands. Les grands commerçants, les nobles, les prêtres ne sont pas là. Du temps que les seigneurs ou leurs serviteurs portaient des sabres, ils n'avaient pas même le droit de pénétrer dans le *settlement;* maintenant que les gens à sabres sont désarmés ils ne viennent pas davantage dans la ville européenne, où rien ne les réclame. Aussi, l'homme du peuple est l'élément dominant et surtout les tireurs de voitures, *Dginrikis*, et les traîneurs de charrettes, *Charikis*. Les uns et les autres sont des gens vigoureux, mais il y a entre eux la différence qui existe entre le cheval de camion et le cheval de course. Le dginriki attelé à sa petite voiture légère et élégante doit courir avec rapidité ; il est svelte, élancé, son torse un peu étroit est porté par des jambes nerveuses et bien faites. Le chariki marche lentement, en traînant à trois ou quatre à la fois une lourde charrette ; il donne à son corps un mouvement d'oscillation et à chaque coup pousse un cri cadencé que quelques-uns répètent à contre - temps pour obtenir la régularité de la mesure et la

continuité du chant, tout en prenant le temps de respirer entre chaque exclamation. Ce type est très-vigoureux, replet et fort en chair, ses épaules sont larges relativement, et ses jambes toujours nues font à chaque mouvement saillir des vagues de muscles.

La femme japonaise est bien la peinture de paravent que nous connaissons déjà. Elle marche les genoux serrés, traîne les pieds et

La femme japonaise est bien la peintu   de paravent que nous connaissons déjà.....

(Page 24).

Toutes les femmes que je rencontre, vieilles, jeunes femmes ou jeunes
filles, portent un enfant sur le dos.

(Page 25).

(Esquisse d'après nature).

donne au haut du corps tout le mouvement que l'équilibre réclame, la tête pivotant à chaque pas en sens inverse des épaules. Signe particulier

que je n'avais pas prévu : toutes les femmes que je rencontre, vieilles, jeunes femmes ou jeunes filles, portent un enfant sur le dos ; je vois même d'autres moutards portés de la sorte par des enfants presque aussi petits que les bébés qu'ils ont sur les épaules. Où peut-on trouver tant d'enfants que cela ? Il paraît que le repeuplement va bien au Japon.

C'est vraiment une impression singulière de se sentir vivre au milieu de ce peuple si vivant et si étrange. A chaque instant on retrouve un aspect, une pose, un groupe, une

scène, qu'on a déjà vus sur des faïences ou des peintures ; et la scène est réelle, le groupe vous sourit, la pose n'est pas une fiction, l'aspect n'est plus un rêve ; on se réveille d'un Japon qu'on croyait conventionnel, pour entrer, marcher, agir dans un Japon vrai, incontestable, qui vous accueille en ami et ne diffère en rien de celui qu'on voyait en songe.

Voici des ponts gracieusement arrondis sur lesquels passent des gens armés d'immenses parasols jaunes. Des amis se rencontrent et se saluent gravement en se courbant en deux. Arrive un groupe de pèlerins revenant du Fouzi-Yama où ils ont fait leurs dévotions au soleil levant, Amateras resplendissant et bienfaisant ; leur chapeau immense se tient en l'air sur la tête comme une ombrelle sans manche ; sur leurs épaules se balance la fine natte de jonc qui les garantit de la pluie et leur sert de lit dans les moments de repos ; un *Kimono* retroussé, des guêtres bleues et des sandales de paille complètent le costume, sans oublier les *demi-gants* qui ne couvrent que le dessus de la main pour préserver du hâle et le grand bâton qui donne à la démarche aplomb et dignité.

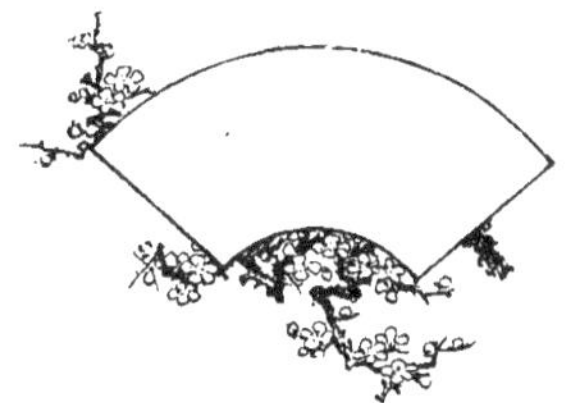

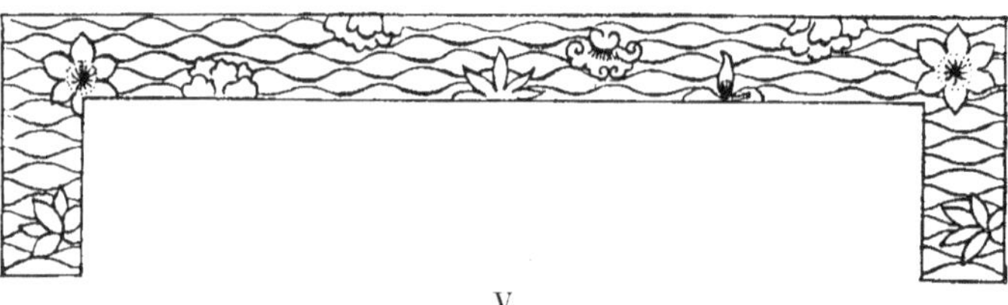

V

LES RUES

ᴇ pont domine une large rue fort animée et bordée de boutiques grandes ouvertes, des rideaux découpés en lanières abritent les devantures et sont couverts de larges caractères indiquant la profession du marchand. Le vent agitant ces espèces d'oriflammes au ton sombre, aux dessins éclatants, permet au regard de plonger dans les intérieurs et de traverser toute l'habitation dont on a enlevé les cloisons à cause de la chaleur; et, comme fond de tableau, on aperçoit toujours une cour plantée d'arbres, un gracieux jardin pittoresquement disposé et habilement éclairé. Du reste, tous les détails nous étonnent et nous charment; rien n'est laissé au hasard dans la disposition des objets; tout fait tableau, l'art préside à tout, et un art plein de finesse, de sobriété et de bon goût.

Les habitants nous accueillent le sourire aux lèvres et se prêtent volontiers à notre curiosité de nouveaux débarqués.

Ici une échoppe de barbier; les jeunes garçons vêtus de tuniques blanches comme des éphèbes d'Ionie et coiffés à la dernière mode de

Paris sollicitent avec insistance l'honneur de notre pratique. Nous n'osons pourtant pas nous risquer.

Là, un puits où les femmes viennent chercher de l'eau. De belles filles blanches et roses nous révèlent un Japon des plus caucasiques. Quand on a vu dans un pays les *femmes à la fontaine* on connaît les types, les poses, les costumes, les coutumes, les expressions de visages, les manières de s'aborder, de se quitter, les rites de la conversation, les intonations de voix, les gestes, les caractères; on sait déjà la moitié du pays.

Les maisons sont peintes en noir et les tuiles sont couleur ardoise. Ce serait un peu triste si les courbures des toits, les élégances des antéfixes ornementés et les éclats des enseignes ne venaient égayer l'ensemble, et, de même que dans le costume des femmes un bout d'étoffe rouge, bleue ou violette vient réveiller la sensation grave produite par le foncé des vêtements, de même dans l'ornementation des maisons et des intérieurs, un caractère peint, un petit rideau ou une simple fleur dans un vase, animent et réveillent l'ensemble trop adouci et trop éteint.

Parmi les lettres incompréhensibles qui se tordent en méandres compliqués sur les murs et les devantures des boutiques, trois caractères européens viennent frapper nos regards I, C, E; en anglais cela veut dire *ice*, glace ; et, soit pour esquiver le soleil qui nous frappe sans pitié dans cette vaste rue, soit pour essayer de boire quelque chose de rafraîchissant, nous entrons dans la boutique où l'on nous confectionne une boisson américaine, avec de la glace d'Amérique râpée au rabot. Au centre de l'établissement est un superbe vase en bronze qui porte une unique branche d'arbre à fleur jaune. Des enfants, des femmes viennent, pour quelques sous, boire des sirops froids et parfumés. Tout le monde est souriant, gracieux, avenant au possible.

Il faut pourtant continuer la promenade. Nous arrivons dans une grande rue qui mène à la gare et où les boutiques sont pleines d'objets d'art, faïences, porcelaines, laques, bronzes, ivoires. Mais tout cela sent un peu la pacotille ; les Japonais font l'article exportation tout comme nous. Les garçons de magasin, accroupis sur les nattes, sont vêtus d'un unique *kimono* qui cache mal la nudité partielle que leur impose la température. Je pense à ces jeunes commis des boutiques d'Alger dont les membres blancs et découverts ont quelque chose de si efféminé : mais, au Japon, la nudité est inconsciente, et ce qui fait surtout la différence, c'est qu'au lieu d'avoir l'impassibilité ennuyée des musulmans, les Japonais sont vifs, ouverts, provoquent l'acheteur au lieu de paraître le subir.

Encore l'antiquité ! Des jeunes gens sortent d'une école : leurs habits drapés, leurs pieds nus, leurs manches retroussées, leurs cheveux coupés à la grecque, me rappellent les jeunes Athéniens du temps de Platon ; c'est bien ainsi que devaient se grouper les gracieux compagnons de Socrate lorsqu'ils se rendaient sous les grands platanes des bords de l'Illissus.

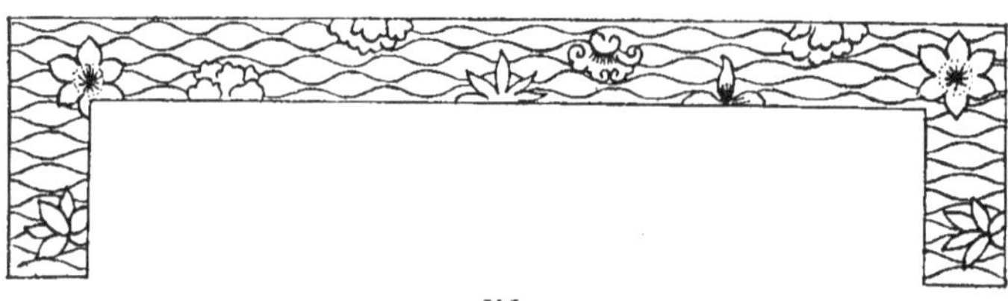

V I

A l'hôtel on cause, et je subis naturellement les interrogatoires d'usage.

— Monsieur vient au Japon pour faire du commerce?

— Non, monsieur.

— Alors c'est pour faire de la banque?

— Pas davantage.

— Sans doute monsieur est appelé ici comme employé du gouvernement japonais?

— Encore moins.

— Monsieur est probablement dans la diplomatie?

— Pas le moins du monde.

— Peut-être dans le journalisme?

— Du tout.

— Vous voyagez donc pour votre plaisir?

— Pas précisément. Je ne voyage ni pour mon plaisir ni pour celui des autres. Je viens étudier les religions de l'extrême Orient.

— . . . . ?!

Après un moment de stupéfaction on revient à la charge.

— Monsieur est missionnaire catholique ?

— Non.

— Pasteur protestant ?

— Non.

— Vous êtes littérateur et vous voulez faire un livre sur le Japon.

— Sans doute. Et peut-être plusieurs.

— Allons bon ! ces touristes sont incorrigibles. Vous allez passer un mois ici et à votre retour en France vous allez écrire sur les mœurs, la nature, la politique du Japon. Mais, monsieur, vous n'en saurez pas le premier mot. Nous, qui habitons ce pays depuis quinze ans, nous nous garderions bien de publier une ligne sur cette contrée incompréhensible.

— Mais alors, permettez-moi de vous faire observer que puisque les vieux résidents comme vous n'écrivent rien sur le Japon, il faut bien que les voyageurs de passage en disent quelque chose. Et puis, il y a deux manières de parler d'un pays : il y a le procédé statistique qui vous donne des renseignements exacts sur la population, les productions, le commerce, les lois, etc., et le procédé artistique qui ne cherche qu'à rendre les impressions reçues, fussent-elles de quelques minutes, et ce sont ces premières impressions, croyez-le, qui sont les plus vives.

— Oui, et c'est par ce procédé qu'on arrive à faire un ouvrage qui fourmille d'erreurs, parce que sur la moindre chose on est mal renseigné ! Si vous saviez comme tout ce qui se publie sur le Japon nous fait rire, vous mettriez votre carnet de voyage dans votre poche et vous l'y laisseriez jusqu'à votre retour en France, pays sur lequel vous en savez plus long que sur celui-ci et sur lequel vous feriez bien de dire la vérité.

— Je m'en garderai bien ! Quand je voudrai savoir ce qu'est la France, je lirai les impressions de voyage d'un Japonais. Et c'est par

cette même raison que lorsqu'un Européen veut connaître le Japon ou
tout autre pays d'Orient, il recherche les photographies, les croquis des
voyageurs et les impressions des touristes, avec la certitude que ces notes
prises au jour le jour feront voyager le lecteur lui-même et lui donneront
sa part des plaisirs et des ennuis, des joies et des mécomptes, des
enthousiasmes et des déceptions qui constituent l'attrait d'une excursion
autour du monde.

— A votre aise, monsieur, mais vous allez bien nous amuser !

C'est donc dans l'intention d'être agréable à ces messieurs que je
continue à prendre des notes et à étudier avec soin les moindres sensa-
tions que cet intéressant voyage me fait éprouver.

VII

LA COLLINE

A colline !!

C'est bien le point le plus européen de tout le Japon. Sur cette éminence qui longe le sud de la ville, les villas élégantes se cachent dans les plis du terrain, parmi les arbres verts et les bosquets de bambous. Tout voyageur au Japon a été accueilli dans ces cottages si confortables et a reçu des résidents cette plantureuse et cordiale hospitalité qui caractérise les maisons de l'extrème Orient.

Des points élevés de ce charmant plateau on aperçoit, à gauche, la baie de Yokohama, et, à droite, cet autre golfe appelé *Mississipi Bay,* sans doute par les premiers Américains qui ont abordé au Japon. A travers les grands arbres aux silhouettes mouvementées, on voit dans le lointain se dresser le Fouzi-yama, la montagne sainte, le volcan aux lignes pures, le trône des dieux du pays, dieu lui-même, vénéré, adoré, aimé pour sa beauté et sa grandeur.

Le versant de *la colline* qui est exposé au nord et qui domine Yokohama est peuplé de villages et de temples noyés dans les ombrages.

Si l'on se promène par les sentiers qui circulent à travers les habitations, on assiste aux scènes les plus intimes. Les maisons japonaises

Si l'on se promène par les sentiers qui circulent à travers les habitations, on assiste aux scènes les plus intimes. Les maisons japonaises se démontent complétement; par ces temps de chaleur, on enlève tous les panneaux de papier qui servent de murailles, et les habitants travaillent, causent, dorment en vue de tous les passants.

De plus, l'usage est de prendre au moins un bain par jour, et ce n'est pas la présence des voyageurs qui gênera en rien les hommes, les femmes, dans l'exercice de ces devoirs de propreté.

(Pages 36 et 39).

se démontent complétement; par ces temps de chaleur, on enlève tous les panneaux de papier qui servent de muraille, et les habitants travaillent, causent, dorment en vue de tous les passants. De plus, l'usage est de prendre au moins un bain par jour, or, ce n'est pas la présence des voyageurs qui gênera en rien les hommes, les femmes, dans l'exercice de ces devoirs de propreté.

— C'est de la dépravation ! va-t-on s'écrier.

Moi, je réponds :

— C'est de l'innocence.

Et la preuve, c'est qu'on ne comprend rien ici aux nouveaux règlements de police qui interdisent ces exhibitions *coram populo*.

On avait affaire à des Èves avant le péché, inconscientes de l'inconvenance, ignorantes du *shoking*; et voilà que les regards curieux des gentlemen, les cris effarouchés des ladies révèlent un péché ignoré.

Je le déclare, la pudeur est un vice.

Les Japonais ne l'avaient pas ; nous le leur donnons.

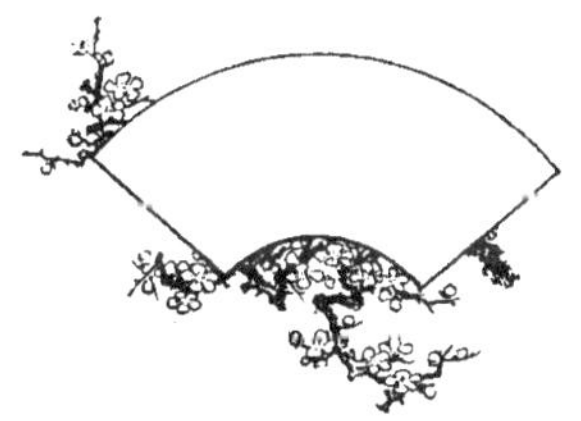

... Et dans ce bois aux arbres immenses, respectés depuis des siècles, il n'y a pas qu'un seul sanctuaire. La dévotion a érigé de nombreux petits temples dédiés aux dieux du pays.

(Page 43).

Mais quand on a gravi les marches, de nouvelles plates-formes se
révèlent.....

(Page 43).

VIII

UN LIEU SACRÉ

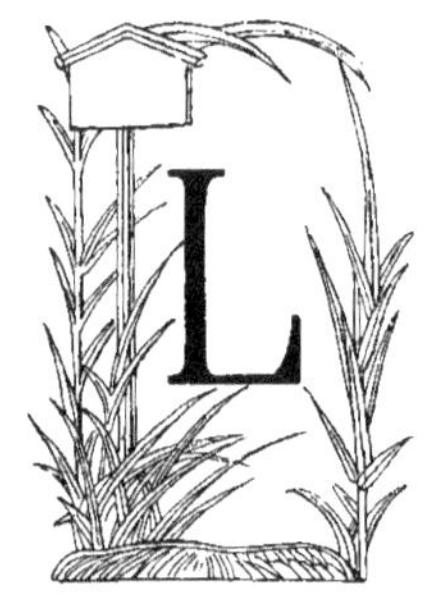

Les temples que nous rencontrons ne sont pas les vastes *ecclesiæ* de la chrétienté destinées à recevoir les fidèles; ce sont des petits *naos* généralement vides comme dans les temples égyptiens et toujours entourés d'un bois sacré, le *lucus* antique.

Et dans ce bois aux arbres immenses, respectés depuis des siècles, il n'y a pas qu'un seul sanctuaire. La dévotion a érigé de nombreux petits temples dédiés aux dieux du pays.

Le plus important de ces bois sacrés est consacré à Sen-guen, le génie de Fouzy-Yama. Un arc de triomphe en pierre (tori), d'une forme particulière imitant les primitives portes de bois brut dont un tronc tordu, les bouts en l'air, formait le sommet, telle est l'entrée qui précède un large escalier, raide comme l'échelle de Jacob et, comme elle, ne laissant apercevoir en haut que le ciel. Mais, quand on a gravi les marches, de nouvelles plates-formes se révèlent, et le temple, tout petit, monté sur des tréteaux à jour, d'une architecture simple, en bois non peint, apparaît dans sa pureté primitive. A droite et à gauche des

constructions plus vastes servent de maisons de thé ou de salles de conférences. Car le théâtre a été au Japon comme dans l'Inde et dans la Grèce un accessoire du culte; et quand il n'y a pas de troupe de comédiens, un conteur, ou plutôt un raconteur, joue à lui seul des scènes qui paraissent fort amusantes. Pour le moment, la salle n'est pas encore garnie et le conférencier s'évente par avance en prévision de la fatigue qu'il va se donner. Son éventail jouera, du reste, un rôle important dans le discours; des coups frappés sur la table scanderont le débit, souligneront les mots et ponctueront les phrases; puis, déroulé en plein et agité avec grâce, il indiquera au public que *c'est pour avoir l'honneur de le remercier.*

D'autres chapelles se cachent dans les arbres, ainsi que des petites niches peintes en rouge et précédées de petits *toris* en bois également rouges; le tout est dédié à Inari, le dieu populaire qui préside aux récoltes de riz et a pour serviteurs bien connus Kitsné, le renard, et Ranouki, le blaireau.

Les fidèles, rares aujourd'hui, mais nombreux les jours de fête, se lavent les doigts avant la prière et frappent dans leurs mains, deux fois, pour attirer l'attention du dieu; après quoi, la tête inclinée, frottant les paumes des mains l'une contre l'autre, ils

..... Des constructions plus vastes servent de maisons de thé ou de salles de conférences.....

Un conteur, ou plutôt un raconteur, joue à lui seul des scènes qui paraissent fort amusantes.

Pour le moment, la salle n'est pas encore garnie et le conférencier s'évente par avance en prévision de la fatigue qu'il va se donner.

(Page 44).

récitent une courte oraison. Un sapèque jeté en offrande termine la cérémonie.

Une petite chapelle en l'honneur de *Reuteu* est arrangée selon le rite bouddhique avec des dorures, des instruments de musique et des idoles ; elle me paraît assez choyée. On y répare de grosses lanternes de pierre qui la précèdent. Les dévots frappent sur un vase d'airain sonore pour souligner leur adoration.

Quelques drapeaux multicolores et couverts de caractères blancs, voltigent çà et là. Tout est frais, gai, aimable ; ici les dieux ne font pas peur et sont familiers.

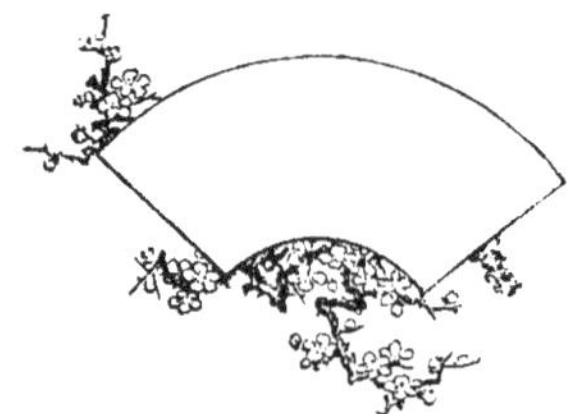

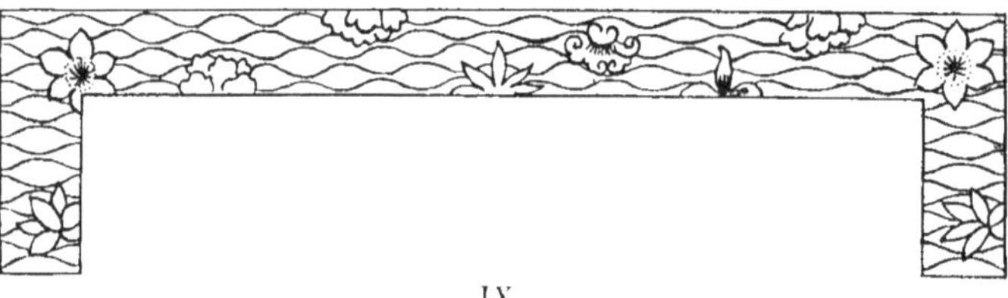

IX

PAR LA FENÊTRE

'AI trouvé à Yokohama une grande quantité de lettres d'Europe, qui m'attendaient à la poste. Les unes arrivées comme moi, à travers l'Amérique, m'avaient devancé ; les autres, parties en sens inverse, étaient venues me rejoindre en décrivant la moitié de la circonférence du globe, tandis que je parcourais l'autre moitié.

C'est charmant de recevoir des lettres, surtout quand on est resté près d'un mois sans aucune nouvelle ; mais ce n'est pas tout : il faut y répondre, et c'est souvent beaucoup moins amusant, particulièrement quand on habite un pays où tout vous intéresse et où l'on se reproche la moindre minute employée à autre chose qu'à voir et étudier.

C'est donc à regret que je m'installe dans ma chambre et c'est en soupirant que j'entreprends une volumineuse correspondance.

A peine ai-je commencé qu'un coup discret est frappé à ma porte. *Come in !* et je vois entrer un vieux Japonais obséquieux, armé d'un étrange instrument : c'est une latte de bambou marquée d'un grand

7

nombre de petits traits. A l'une des extrémités flotte un morceau de
ruban de la même longueur que la latte. C'est un tailleur qui vient

prendre mesure à un client. Le
morceau de bambou est un
mètre : on prend les mesures
avec le ruban que l'on reporte
ensuite sur le bois. Je regarde,
étonné, mon étrange visiteur qui
s'était trompé de porte et qui
se retire avec force salutations
jusqu'à terre, selon l'usage.

Remettons-nous à ma cor-
respondance... Mais quels sont
ces cris perçants et saccadés?
Ce sont sans doute des bateliers
qui passent et je n'ai pas à
m'en inquiéter. Pourtant mon
devoir de voyageur est de vérifier la chose. Oui, mais mon
devoir de voyageur est aussi de
donner de mes nouvelles à ceux
qui m'ont écrit. Donc je reste
en place à ma table.

Cependant les cris sont
vigoureux et véhéments, les
hommes qui les poussent sont
évidemment nombreux; il faut
bien m'assurer si je ne me suis point trompé. Et, lâchant la plume,
je cours à la fenêtre.

J'ai vue, à la fois, sur la mer et sur l'entrée du canal qui longe la ville.

Je constate avec satisfaction que mes suppositions étaient justes. Une demi-douzaine de pêcheurs ramènent une grande barque et la font rapidement entrer dans le canal, en s'excitant les uns les autres par des cris qui scandent chaque coup de rame. A l'avant du bateau, d'énormes nasses en jonc semblent deux ballons jaunes qui seraient comme les yeux de la monstrueuse embarcation.

Reprenons le fil de nos idées et remettons-nous à écrire.

Encore du bruit, encore des cris, mais ceux-là je les connais bien : c'est le *Sokodaka-hoï* des charikis, — ne nous dérangeons pas pour si peu.

Tiens, une voiture à un cheval qui passe! Non, elle s'arrête devant l'hôtel.

Il faut bien voir qui elle amène.

Ah ! la voiture est déjà vide, mais le *betto* est à la tête du cheval. Costume complet de Méphistophélès : maillot noir collant, bottines blanches, veste serrée à doubles manches, celles de dessous étroites, et celles de dessus vastes et flottantes comme des ailes de chauve-souris ; il ne manque que la toque à plume pour compléter l'illusion moyen âge ; elle est remplacée par la vieille coiffure japonaise qui a bien son style et donne à la fois l'impression d'un homme chauve qui aurait trop de cheveux, front dégarni et catogan.

D'autres bettos précèdent des cavaliers en courant. Il paraît que c'est l'heure de la promenade. Le cheval, lancé au grand trot, semble poursuivre un papillon noir.

Des enfants européens passent en compagnie de moutards japonais, sans doute les fils des koskaïs ou domestiques de la maison. Je constate que toute cette marmaille parle japonais.

Voilà des groupes d'hommes sérieux en longue robe sombre, et puis des théories de gais jeunes gens en kimonos clairs. Quelle harmonie dans la démarche ! O pantalons européens, que vous êtes affreux !

Les djinrikis de l'hôtel sont alignés avec leurs petites voitures le

long du parapet ; ils causent en riant, assis sur les brancards dans des attitudes fort gracieuses.

Avec tout cela je m'amuse et ne travaille point. Retournons à ma plume.

Ah ! cette fois, si je suis à la fenêtre, c'est bien pardonnable. De fraîches voix de jeunes filles m'y ont attiré.

La conversation parait des plus joviales et des plus bruyantes, et doit
singulièrement troubler les pêcheurs à la ligne rangés sur la bordure de
pierre qui longe le canal.....

..... Pourtant, en voici un qui tient justement un poisson à la main,
ce qui semble exciter l'admiration des curieux et des oisifs qui l'entourent. Un policeman indigène, qui fait partie de ce groupe, me semble
apporter une attention toute particulière aux faits et gestes du pêcheur
heureux.

(Page 55).

Des groupes de Japonaises aux larges ceintures et à la coiffure compliquée se succèdent en riant. La conversation paraît des plus joviales et des plus bruyantes, et doit singulièrement troubler les pêcheurs à la ligne rangés sur la bordure de pierre qui longe le canal.

Je doute que ces amateurs convaincus puissent faire beaucoup de victimes avec ce brouhaha continu de passants.

Pourtant en voici un qui tient justement un poisson à la main, ce qui semble exciter l'admiration des curieux et des oisifs qui l'entourent. Un policeman indigène, qui fait partie de ce groupe, me semble apporter une attention toute particulière aux faits et gestes du pêcheur heureux.

Un peu plus loin, jambes et bras découverts, et rappelant le pêcheur de la *casa* de Pompéi, des hommes ont, comme lui, un pied placé sur le haut du parapet; tantôt, le coude appuyé sur le genou, ils rappellent l'Œdipe au sphinx d'Ingres, tantôt, les doigts ramenés sur le pied, ils prennent la pose du Jason du Louvre.

Mais voici bien d'autres souvenirs antiques.

Des palefreniers ramènent des chevaux qu'ils ont fait baigner à la mer. Ils montent à poil et ne sont vêtus que d'une légère tunique que le vent ouvre et fait flotter.

Les uns, la tête penchée en avant, plient le genou pour serrer les flancs de la bête; les autres se renversent en arrière pour retenir le coursier trop lancé et allongent la jambe nue, d'un galbe irréprochable, et terminée par le fin brodequin blanc que portaient les Athéniens; d'autres enfin, campés droits sur le cheval qui caracole, laissent tomber, le long du corps, le bras découvert dont les contours ressortent sur la tunique bleue. Le cheval japonais est comme le cheval grec, petit, trapu, à grosse tête, forte encolure et bouche dure ; il lutte constamment avec la bride et mâche le mors ; lorsqu'il est monté par ces hommes vêtus à l'antique, il reproduit très-exactement les cavaliers des fresques

de Stabie ou les jeunes héros des Panathénées ; et cette cavalcade qui passe, brillante de grâce et de vigueur, est une frise du Parthénon dont le marbre s'est animé.

Décidément il faut voir tout cela de plus près.

Je remets à ce soir ma correspondance et je vais me promener.

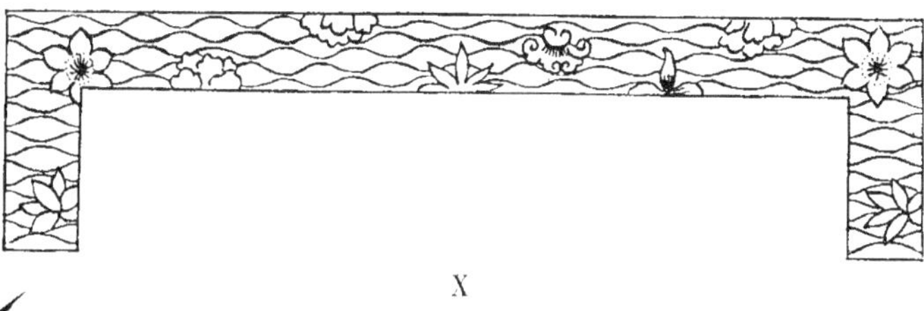

X

EN ROUTE! — LES DJINRIKIS

ORSQUE l'on est à Yokohama, on se trouve en présence de deux courses tout à fait obligatoires : une visite à Kamakoura et une excursion à Nikko.

Kamakoura au sud et Nikko au nord. Kamakoura, l'ancienne capitale des Shiogouns, et Nikko, leur tombeau.

Il faut consacrer une semaine pour aller à Nikko. Deux jours suffisent pour voir Kamakoura.

Les résidents qui passent plusieurs années au Japon se promettent bien de ne pas quitter le pays sans avoir vu ces deux points importants et pittoresques. Mais il arrive que les affaires vous absorbent, que le bien-être d'une installation soignée vous attache à la maison et que finalement on retourne en Europe sans avoir vu Nikko, sans avoir vu Kamakoura.

Nous, qui n'avons pas les mêmes raisons de manquer à notre devoir de curieux, nous partons pour Kamakoura trois jours après notre arrivée.

La partie est organisée par notre ami B... et se compose de lui d'abord, de Wirgman, l'aimable dessinateur de *Yokohama-Punch*, de

8

Félix Régamey, mon compagnon de voyage, d'un interprète, et enfin de moi-même.

Avec des hommes aussi au courant du Japon et des Japonais que Wirgman et B.... un interprète est du luxe. Mais on m'a dit qu'en route nous visiterions l'île sacrée d'Enoshima, que nous verrions les temples de Kamakoura, de Katassé et de Fouzysawa, et j'espère pouvoir déjà commencer mon enquête scientifique sur les croyances japonaises. Aussi je me suis flanqué d'un des interprètes du consulat français et je me félicite par avance de tous les renseignements qu'il va me donner.

Nous partons en djinrikes-chas ; chaque voiture est conduite par deux hommes, l'un qui tire par devant, l'autre qui pousse par derrière. Et nous commençons à longer le canal qui baigne les pieds de la colline.

Les barques vont et viennent à côté de nous, poussées rapidement par le mouvement cadencé des godilles, souligné des cris essoufflés et continuels, lancés avec ardeur par les bateliers.

Les costumes, quand il y en a, sont pittoresques et rudimentaires, ou plutôt, ils se composent de l'invariable kimono, longue robe à manches, ouverte par devant, mais drapée, retroussée, roulée, repliée selon les nécessités du travail ou les exigences de la température.

Nos djinrikis, eux aussi, se livrent à des improvisations variées au sujet de leurs vêtements. Quelques-uns ont une petite culotte collante, en coton bleu, dont le haut, croisé d'une manière particulière autour de la taille, paraît constituer un système assez compliqué.

La première fois qu'on va en djinrikeschas, l'impression est singulière et pénible. Le fait de se faire traîner par son semblable, le trot de l'homme dont on sent chaque pas, la fatigue énorme que l'on impose, tout vous fait éprouver une sorte de remords.

Mais peu à peu on s'habitue ; on trouve même le moyen de locomotion fort agréable, et les hommes chargés du travail conservent une si inaltérable gaieté que les remords s'en vont et le plaisir reste.

Et puis l'on réfléchit que ces tireurs de véhicules ne sont pas poussés à ce dur labeur par le fait d'une misère particulière. Être djinriki indique déjà une certaine position sociale ; il faut pour cela *avoir voiture*, celle que l'on traîne ; il faut être fort, agile, bien portant. Le métier fait gagner de l'argent et même forcément aux auberges où la vie est facile, presque luxueuse ; si bien que tout koskaï aspire à tirer sa petite *victoria*, brillamment laquée, enluminée de fleurs d'or ou de scènes légendaires, ornée de clous d'argent ou d'armatures de cuivre resplendissant.

D'ailleurs l'institution de ce genre de locomotion est un progrès. Autrefois on voyageait en *Norimon* ou en *Cango*, en chaise à porteur lourde et laquée ou en panier de bambou. Il fallait de nombreux koskaïs pour faire le service, le voyage était coûteux, le métier de porteur horriblement pénible.

La vue des voitures européennes a fait imaginer de substituer, au transport sur les épaules, le roulement d'un véhicule, ce qui est beaucoup moins fatigant, et pour le travailleur et pour le voyageur ; ce qui fait d'ailleurs une telle économie que pour quelques sous on parcourt des kilomètres avec la vitesse d'un cheval au trot. Aussi les routes du Japon se sont vite couvertes de relais de djinrikeschas fort bien organisés, où l'on trouve à toute heure des hommes prêts à courir.

Et puis, n'est-ce pas charmant d'avoir un cheval intelligent, complaisant et gracieux, un cheval avec qui l'on peut causer, qui, chemin faisant, vous sert de cicerone, vous fait admirer les beaux endroits, vous signale les temples, les statues votives, et qui s'arrête devant les points de vue et les objets d'art. de même que les chevaux ordinaires s'arrêtent devant les écuries?

En somme, tirer une voiture est un travail comme un autre, qui n'est pas plus dégradant que de tirer une charrette à bras ou de pousser une brouette. C'est un métier qui enrichit celui qui s'y livre et rend d'immenses services au pays qui l'a imaginé.

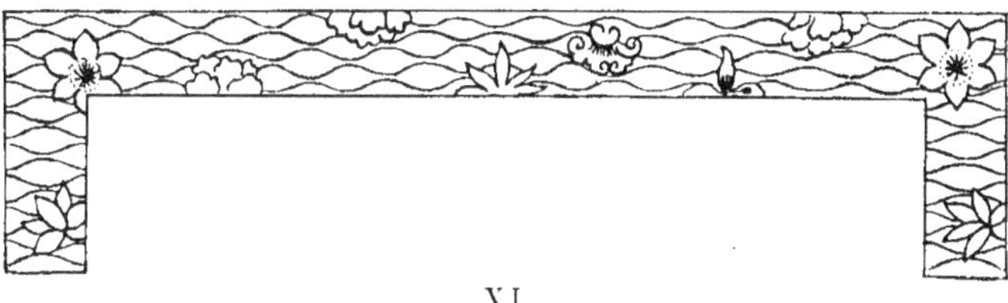

XI

LA CAMPAGNE

ous ne tardons pas à arriver en face d'une grande tranchée pratiquée dans la montagne pour faire passer le canal.

Ces travaux gigantesques que nous faisons d'ordinaire pour les chemins de fer ont été exécutés de tout temps par les ordres des Taïkouns pour livrer passage à des routes et à des canaux.

Nous laissons la tranchée à droite et, prenant un chemin de traverse, nous nous dirigeons dans le sens de Mississipi-Bay.

Les dernières pluies ont considérablement défoncé la route et les hommes ont une rude besogne.

Parfois le chemin est coupé perpendiculairement par des ruisseaux étroits et profonds pratiqués pour l'irrigation des rivières. Une voiture européenne s'y briserait. Les Japonais ont inventé deux procédés pour franchir la difficulté : le premier consiste à laisser les roues tomber mollement dans le fossé, puis, par un effort énergique, à ramener la voiture au niveau de la route ; le second procédé consiste à prendre sa course et à arriver au fossé avec une telle vitesse que le tronc d'arbre qui lui sert de marge fasse sauter la voiture, laquelle lancée avec force par le mouvement acquis retombe sur l'autre bord. Les deux moyens sont bons et s'emploient suivant les circonstances, sans causer au voyageur d'autre inconvénient qu'une secousse assez légère ; mais il faut, de la part des hommes, beaucoup d'habileté et de puissance.

Après avoir traversé une assez grande plaine toute verte de rizières, nous entrons dans une contrée montagneuse vraiment ravissante. Le pays est naturellement joli, avec ses collines mouvementées et ses vallons étroits, mais la main de l'homme l'a fait beau. Les pentes sont boisées et les fonds garnis de rizières, disposés en escaliers, forment des gradins de gazon frais. Les maisons sont toujours placées de manière à faire paysage ; les hameaux, aux toits de chaume, ressortent en gris sombre au milieu des arbres. Çà et là, soit au milieu des plaines, soit au flanc des collines, des groupes d'arbres immenses indiquent la place des lieux sacrés et abritent des sanctuaires ou des tombeaux bouddhiques.

La culture, très-divisée, est soignée comme celle d'un jardin ; les récoltes variées sont en fleur et forment de vrais parterres. Mais la difficulté pour moi, dont les connaissances botaniques laissent beaucoup à désirer, c'est de déterminer le nom de ces légumes charmants qui émaillent de massifs fleuris la campagne japonaise.

J'ai recours aux lumières de l'interprète. Hélas! il ne sait pas le nom français des plantes. Il a même la franchise d'ajouter qu'il ne connaît pas davantage leur nom japonais.

Je distingue pourtant l'indigo, le coton à la fleur pâle, l'ibicus aux cloches jaunes, l'aubergine aux cloches violettes, aux tiges noires et dont les fruits ressemblent à de grosses améthistes taillées en cabochon.

Des melons d'arbre, des pois fleuris s'élancent sur les buissons, et le tabac élégant jette au passage le parfum pénétrant de sa fleur rose.

Des plantes que nous cultivons pour l'ornement de nos jardins sont ici l'ornement des champs et la ressource des cuisinières; les perilas sanguins, aux feuilles pourpres, servent à parfumer les sauces, et les patates, à feuilles gigantesques en forme de lances, donnent d'énormes tubercules succulents et nourrissants.

Nous pénétrons dans des chemins creux bordés de bambous et de pins noirs; les lataniers se mêlent aux vieux cèdres, et cette alternance des arbres du Nord avec des plantes tropicales ferait douter du climat où l'on se trouve si l'on n'apercevait, dans l'intérieur des maisons qui longent la route, des clubs de messieurs tout nus qui causent en s'éventant.

Çà et là, nous rencontrons des stèles funéraires bouddhiques cachées dans les broussailles. On a représenté dessus un personnage accroupi qui semble dormir la tête appuyée sur sa main droite. Au dessous on distingue trois petits êtres grimaçants et vus de face, peut-être des enfants, ou des damnés, ou l'embryon Phtah des Égyptiens. D'ailleurs nous allons savoir cela au juste : l'interprète est là.

L'interprète, consulté, hésite, balbutie, finit par déclarer qu'il ne sait pas.

Je fais demander des renseignements aux hommes qui sont avec nous.

Les hommes, consultés, hésitent, balbutient, finissent par déclarer qu'ils ne savent pas.

L'ami B. ainsi que Wirgman m'assurent que ce sera tout le temps comme ça. C'est encourageant !

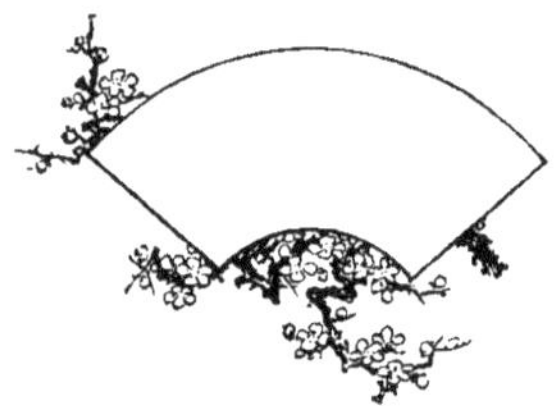

... Et finissent par nous dévoiler un panorama splendide, sur les monts, la mer et les îles.

Page 65).

Tout autour de nous des abîmes de verdure.....

(Page 66).

XII

VUE SUR LA MER

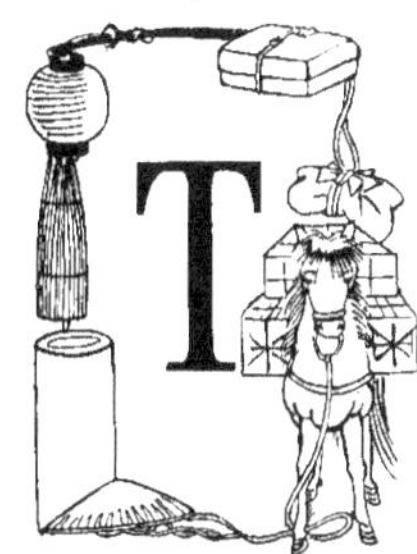

Tout en causant, nous avançons et nous montons.

Peu à peu les groupes d'arbres s'écartent comme les coulisses d'un théâtre et finissent par nous dévoiler un panorama splendide sur les monts, la mer et les îles.

C'est un morceau du Japon qui nous apparaît.

L'aspect concassé, plissé, torturé qu'affectent les terrains nous révèle la formation volcanique du pays où nous sommes.

On voit comment, poussées par une force épouvantable, les montagnes ont surgi de l'Océan, puis se sont figées, durcies, pour être renversées par des forces nouvelles, pour être dépassées, dominées par d'autres apparitions géologiques ; lesquelles, à leur tour, ont été brisées, recouvertes, broyées par de nouvelles venues, encore plus altières.

Les crevasses énormes, les déchirures dentelées, les rochers tenus en équilibre par d'autres rochers, les coulées ondoyantes des laves, les amas monstrueux des cendres, les pics et les falaises, les dômes et les profondeurs sont là comme les témoins vivants du tragique enfantement.

9

On assiste à la lutte immense.

C'était au temps où les astres seuls contemplaient la terre.

Les dieux eux-mêmes, les dieux du Japon, n'avaient pas osé se révéler.

L'air, le feu, la terre et l'eau, les éléments, se disputaient des frontières mal définies. L'orage s'associait à l'ouragan pour renverser les montagnes que le feu défendait. L'Océan lançait le typhon et la terre crachait le volcan. Parfois les flancs du globe s'affaissaient sous le déluge; mais le Monde savait respirer; son sein se gonflant à nouveau faisait fuir la mer. Les pluies infinies, les trombes pesantes s'attaquaient au porphyre et le pulvérisaient. La vague immense devenait catapulte et brisait le granit. La plaine tressautait, s'entr'ouvrait à force de bondir et laissait échapper des fusées de soufre en feu. Par les angles de ses lèvres coulaient des fleuves incandescents.

Puis le calme s'est fait.

Quelques îles venaient encore çà et là respirer au dessus de l'eau.

Mais les géants, fatigués, voulaient se reposer.

Les plantes naissaient, les arbres grandissaient, les fleurs jetaient leurs parfums, les fruits offraient leur chair savoureuse.

A l'épopée succédait l'idylle.

La nature, lassée de rugir, s'était prise à sourire.

C'est de ce sourire qu'est né le Japon.

Et nous le voyons resplendissant dans sa force et sa grâce.

Tout autour de nous des abîmes de verdures, dominés par de vieux arbres aux gestes éperdus; à gauche, de grandes falaises blanches, vivement découpées et recouvertes de végétation, vont se perdre dans l'horizon; en face, dans la vaste baie, des îles, les unes vert tendre, les autres vert foncé, parsèment la mer qui est d'un gris mat et lumineux; à droite, des montagnes noires, étrangement déchiquetées; et sur tout cela un ciel à la fois bleu sombre et vaporeux que des nuages blancs viennent égayer.

C'est ainsi que se présentent les golfes nombreux qui échancrent les côtes du Japon.

On nous dit que le village de Yokoska est cette frange de maisons grises qui bordent la mer bleue. Mais, renseignements pris, ce port est caché au fond d'une autre baie, derrière le promontoire de droite.

C'est à Yokoska que le gouvernement japonais a fondé son arsenal maritime, et c'est un Français, M. L. Verny, qui en est le directeur et l'organisateur. Aussi Yokoska est devenu une résidence française, car tous les ingénieurs, contre-maîtres, ouvriers attachés à l'arsenal sont compatriotes de M. Verny.

On sait que les Japonais qui se sont jetés avec tant d'ardeur dans le mouvement progressiste européen, et ont, pour cela, fait venir de l'Occident des savants, des ingénieurs, des jurisconsultes, etc., ont la prétention, à un moment donné, de faire tout par eux-mêmes.

On ne peut que les louer de ce sentiment inspiré par un fervent patriotisme. La difficulté est de reconnaître le moment précis où le Japon pourra se passer de l'élément occidental. Il est à craindre que ce pays, qui, de tout temps, a aimé à vivre de ses propres forces, se referme trop tôt et se replonge à nouveau dans un isolement néfaste, incompatible avec les relations que tout peuple doit avoir maintenant avec le monde entier.

Déjà, pour ce qui concerne Yokoska, on remplace par des Japonais tous les employés européens qui ont terminé le temps de leur engagement. Dans deux ans, l'arsenal sera purement indigène.

Or, je le demande, le Japon a-t-il des écoles d'ingénieurs, de contre-maîtres, d'ouvriers, où il pourra recruter son personnel?

Non.

Donc, qu'il prenne garde.

Le Japon, qui s'est lancé trop vite dans la voie des réformes, va s'arrêter trop tôt dans la période d'initiation.

Après ça il ne tient peut-être qu'aux apparences.

XIII

CE QUE MANGENT LES DJINRIKIS

OURTANT nos hommes marchent toujours avec les voitures. Ne nous attardons pas dans la contemplation du paysage, pas plus que dans la préoccupation de l'avenir du beau pays que nous visitons.

Nous sommes ici pour voir en courant. Voyons, mais ne nous arrêtons pas.

Ou plutôt ne nous arrêtons que dans les haltes que nous impose la fatigue de nos djinrikis, et, justement, nous allons arriver à une auberge où l'on doit se reposer un moment.

Sur la partie élevée d'un vallon ravissant, une maison basse est gracieusement posée dans les arbres, à un détour de la route.

C'est l'auberge.

Les moindres sentiers du Japon ont de ces maisons de thé, où l'on trouve de quoi s'accroupir ou se coucher sur des nattes, et de quoi manger..... à la japonaise.

Sur les grandes routes comme le Tookaïdoo, ces haltes offertes aux voyageurs se rencontrent à chaque pas. Lors même qu'on n'y trouve pas à manger, ce qui arrive souvent, on y rencontre toujours la petite tasse de thé brûlant. amer et non sucré, qui réconforte le piéton et chasse les effets pernicieux des miasmes humides.

A peine arrivés, nos hommes essuient la sueur imperceptible de leur corps avec la petite serviette bleue qui orne leur tête. Ce morceau d'étoffe joue un grand rôle dans la vie du Japonais. C'est le linge de toilette qui éponge l'eau du bain matinal, puis, une fois séché sur les épaules, c'est la coiffure des hommes et souvent des femmes; ils en font à volonté des capuchons, des mitres, des bonnets pour la nuit, des diadèmes, des bérets moyen âge à aigrette, des masques, des casques, des couronnes à torsades, des coussinets pour les fardeaux, etc., etc.

On peut prendre au hasard vingt koskaïs japonais; tous auront pour coiffure la serviette bleue, mais il n'y en aura pas deux qui l'auront posée de la même façon. C'est bien la variété dans l'unité.

Ces petits linges, teintés d'indigo clair, ont de gracieux dessins

blancs; chaque serviette est une image et une image des plus artistiques. Tous les sujets affectionnés des Japonais sont représentés sur les
Té-nogoui; les poissons, les oiseaux, les fleurs, les éventails, les arbres,
et surtout les bambous, font les frais de ces élégants croquis.

Nos djinrikis ne se sont pas arrêtés pour respirer, car ils ne sont
nullement essoufflés, malgré le rude travail et la rapide besogne. C'est
surtout pour se réconforter qu'ils ont fait halte, et ils se précipitent avec
entrain sur les tasses de riz qu'on leur sert.

Pour la première fois, je vois manger avec les deux petits bâtons
qu'on tient d'une seule main, et je reste stupéfait de la rapidité avec
laquelle on opère. Les tasses se vident en un clin d'œil et les convives
reviennent à la charge avec tant d'ardeur qu'on se demande si on
pourra les rassasier.

Le riz, crevé à la vapeur, est d'une blancheur éblouissante; on le
tient chaud dans une énorme soupière de laque rouge, et chaque fois
que la servante y plonge sa cuiller de bois noir, on dirait qu'elle fait
des portions de neige.

Cette nourriture est un peu fade; pour en relever le goût et soutenir
l'appétit, on a servi aux hommes des assiettes qui contiennent des objets
dont l'apparence ne donne point l'idée de choses qui se mangent: ce
sont des petits cubes, des petites rondelles, des petits rectangles de
jade, d'onyx, de sardoine, de jaïais, de néphrite; ce sont des filaments
noirs, verts, roses; des boulettes de laque jaune nageant dans du vernis
brun; tout cela craque sous la dent et ne semble point comestible; ces
malheureux, qui avalent sans sourciller ces fragments étranges, me
paraissent le jouet d'une erreur ou de quelque mystification.

Mais non! Renseignements pris, c'est du poisson, des légumes et
autres choses fort comestibles qu'on leur sert sous des apparences
qui déroutent l'œil du consommateur.

De larges rasades de thé bouillant complètent le repas, qui est terminé par l'ingurgitation de toutes petites coupes pleines de *saké*, eau-de-vie de riz qu'on boit chaude et qui a un petit goût d'alambic assez désagréable.

Il paraît que nous sommes venus de trop bonne heure, car les servantes sont encore à leur toilette. L'une d'elles est assise sur le bord du plancher natté, et sa camarade, debout derrière elle, établit avec soin le laborieux échafaudage des coiffures de femmes japonaises.

Nous remontons dans nos voitures et nous partons au grand trot de nos djinrikis, pendant que l'hôtelier se prosterne en signe de reconnaissance et que les servantes crient d'une voix de fausset :

— Saïanara, saïanara !

Ce qui veut dire : bonsoir.

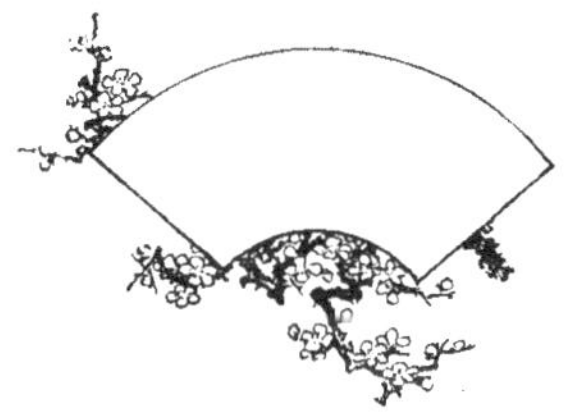

..... Les servantes sont encore à leur toilette. L'une d'elles est assise sur le bord du plancher natté, et sa camarade, debout derrière elle, établit avec soin le laborieux échafaudage des coiffures de femmes japonaises.

(Page 72).

XIV

HALTE A KANASAWA

OUS marchons bon train, le chemin est mieux entretenu, les hommes ont retrouvé de nouvelles forces et la route va en descendant, car c'est au bord de la mer que nous devons déjeuner.

Le paysage est toujours resplendissant; dans les gorges des montagnes lointaines se cachent d'épaisses forêts; les petits bois sacrés parsèment les collines de massifs sombres.

Nous croisons des convois de chevaux de bâts que les *magos* repoussent dans les haies de camélias pour nous livrer passage.

Ces chevaux sont chaussés de sandales de paille qui ont exactement la forme des hipposandales de bronze qu'on trouve quelquefois dans les stations romaines.

Ce détail me rappelle que les auteurs anciens disent souvent, quand un général se prépare à la marche, que l'ordre est donné d'entourer de paille les pieds des chevaux. On en a conclu naturellement que l'intention du général était de dérober ses mouvements à l'ennemi et d'éviter le bruit de la cavalerie au moyen de chaussures inacoustiques.

On a peut-être fait beaucoup d'honneur à l'esprit d'invention des généraux antiques. Il pourrait bien se faire que cette *ruse* ait été une nécessité toutes les fois que les chevaux devaient fournir une longue marche.

Les chevaux anciens n'étaient pas ferrés et la sandale de paille devait seule protéger la corne de leurs pieds.

Donc, jusqu'à plus amples informés, nous dirons que les chefs antiques, en entourant de chaume les pieds de leurs coursiers, n'ont pas déployé plus d'intelligence que les *magos* japonais quand ils vont au marché.

Nous descendons toujours.

Le temps s'est couvert peu à peu. La pluie commence à tomber et nous sommes obligés de ramener sur nos têtes la capote des voitures.

Les premières maisons du village apparaissent, nous entrons dans des rues dessinées à angle droit. Les djinrikis, pour éviter l'orage qui se prépare, et, peut-être aussi, poussés par cette énergie que donne aux chevaux l'approche de l'écurie, nous mènent un train d'enfer; c'est vertigineux. Je n'aurais jamais cru que des jambes humaines pussent acquérir une telle rapidité.

Après avoir passé sous une espèce d'arc de triomple, formé de deux grands poteaux auxquels flottent des drapeaux couverts d'inscriptions, nous arrivons à l'auberge tenue par Murata.

Ces sortes d'oriflammes, qui annoncent les fêtes d'un pays, sont fixées d'un côté au poteau qui les soutient et tiennent par le haut à une baguette placée en potence; c'est bizarre, pas très-gracieux, mais très-commode pour laisser lire les caractères compliqués qui les couvrent.

A chaque poteau, sur une petite tablette, est attaché un singe vivant.

Pourquoi?

Nous croisons des convois de chevaux de bâts que les *magos* repoussent dans les haies de camélias pour nous livrer passage.

(Page 75).

Nous allons trop vite pour pouvoir demander des explications. Et puis, franchement. celles que j'ai recueillies jusqu'à présent laissent à désirer et donnent peu l'envie de continuer les enquêtes.

L'auberge me pa-
raît assez étroite. On
nous fait monter par
un escalier fort raide
dans une chambre du
premier étage. Nous
devrions, selon le rite
japonais, quitter nos
souliers pour ne pas
salir les fines nattes
de la chambre, mais
Murata, l'aubergiste.
n'insiste pas. Il a
l'habitude de rece-
voir les Européens;
aussi nous trouvons
une table et même
des chaises, ce qui
est tout à fait inso-

lite dans une maison japonaise où l'on ne s'assoit que sur les talons.

Le déjeuner, parti de Yokohama, nous a précédés. de sorte que nous n'avons aucune initiation à subir au sujet de la cuisine locale.

Nous sommes servis par une jolie petite fille aux pieds nus. Sa robe grise, largement échancrée sur la poitrine, est retenue par une énorme ceinture rouge à dessins blancs, attachée avec des étoffes d'un violet foncé : sa main ne quitte pas son te-nougoui bleu-clair ; des ficelles croisées dans le dos retiennent ses longues manches et découvrent ses bras fins et délicats.

La maison est construite avec des écrans de papier qu'on fait glisser dans des coulisses et qu'on peut enlever à volonté. On a ouvert la cloison du côté de la mer et la vue s'étend sur une toute petite baie qui ressemble à un lac bordé de collines vertes.

Mais la légèreté de la construction ne laisse pas de nous donner quelques inquiétudes. Le ciel devient de plus en plus noir; le vent s'élève et nous subissons une véritable rafale accompagnée de torrents de pluie. La maison tremble, oscille et vibre, l'eau pénètre un peu partout et les murailles de papier blanc paraissent plus qu'insuffisantes.

Néanmoins le repas est très-gai. Wirgman et Félix font le portrait de la petite fille. On cause avec entrain, on mange avec ardeur, si bien que le temps se remet sans qu'on s'en aperçoive.

Aussi nous ne tardons pas à reprendre notre route.

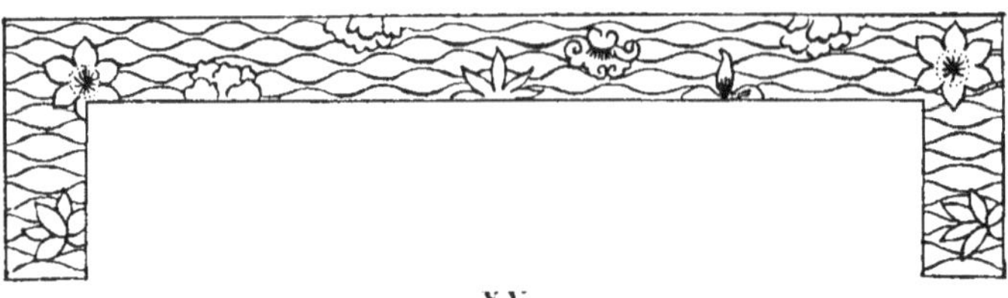

XV

OU L'ON FAIT CONNAISSANCE AVEC UN BONZE

ous suivons le bord de la baie et nous nous arrêtons devant une petite barrière de bambou qui ferme un jardin.

Un écriteau, couvert de caractères chinois, a pour devoir de nous indiquer où nous entrons. Heureusement que tout à côté un autre écriteau nous déclare que cette porte est *Entrance Gate to the Eight Views of Kanazawa*. Ainsi non-seulement nous apprenons que nous allons contempler une des *vues* de Kanazawa, mais nous apprenons du même coup qu'il y a à Kanazawa *huit vues* célèbres.

Première vue : nous traversons une petite cour fermée d'un côté par un bois de bambous parsemé de tombes bouddhiques, et de l'autre par des maisons habitées par les bonzes, gardiens de ce lieu sacré.

Seconde vue : nous entrons dans un bosquet.

Troisième vue : nous gravissons un escalier qui mène à une plate-forme d'où l'on voit le golfe.

Quatrième vue : nous entrons dans un autre bosquet.

Cinquième vue : nous gravissons un autre escalier qui mène à une plate-forme d'où l'on voit le golfe.

Sixième vue : nous entrons dans un troisième bosquet.

Septième vue : nous gravissons un troisième escalier qui mène à une troisième plate-forme d'où l'on revoit le golfe.

Huitième vue : sur la plate-forme il y a un pavillon en bois et, dans le pavillon, un bonze qui vous offre du thé.

Le bonze a la tête rasée comme un bénédictin; il est vêtu d'une robe grise. Sa figure est intelligente, moqueuse, et d'une expression pleine de réticences.

Après avoir avalé le thé et laissé quelques pièces de monnaie sur le plateau où sont les tasses, je crois le moment venu de profiter de la présence d'un prêtre pour demander des explications sur les stèles funéraires que j'ai vues en chemin.

Le bonze consulté hésite, balbutie, et finalement déclare qu'il ne sait pas.

Mais la discussion est ouverte, et, puisqu'il y a des tombes bouddhiques dans le bois de bambous, nous nous y rendons et chacun donne son explication.

La figure accroupie dont la tête est appuyée sur la main droite représente, selon les uns et selon les autres, Bouddha endormi, Bouddha dans le Nirvana, Amida, l'âme universelle, le défunt lui même dans le paradis, etc., etc.

Les trois petits personnages grimaçants sont évidemment les damnés.

A côté de chaque tombeau on voit des bambous coupés et fichés en terre, auxquels sont suspendus, flottant au vent, des morceaux de papier blanc découpés, que les Japonais nomment *goés*.

Ces arbres d'un nouveau genre ne laissent pas, il faut bien

le dire, d'exciter à première vue un léger étonnement facile à comprendre.

Devant chacun des tombeaux est une pierre percée de trois trous,

deux ronds et un long au milieu, exactement comme ceux qu'on trouve sur les pierres tumulaires musulmanes de Scutari. Les deux trous ronds doivent recevoir des vases de fleurs en bambou dans lesquels on place des rameaux verts. Le trou long est un bassin que l'on remplit d'eau, puis au moyen des rameaux, on asperge la tombe avec cette eau sainte : il paraît que cela fait grand bien au défunt ; du moins tel était l'avis des anciens Égyptiens, qui avaient aussi la coutume d'arroser les sarcophages avec de l'eau lustrale.

Maintenant le lecteur voudra peut-être savoir si les explications données au sujet des personnages grimaçants et de la figure au repos sont exactes.

Puisque je suis en mesure de dire la vérité, je ne vois pas pourquoi j'en ferais plus longtemps un mystère.

La figure assise est une forme du dieu Quanon, le même que l'on prend souvent pour une déesse; il est représenté dans l'attitude de la méditation et il paraît réfléchir au moyen de sauver l'humanité. Ce moyen est naturellement le bouddhisme, et le sauveur a été Sakia-Mouni, le troisième Bouddha.

Quant aux figures grimaçantes, ce ne sont ni des enfants, ni des embryons, ni des damnés, mais des singes, et même des singes qui sont bien sages.

L'un se bouche les yeux, l'autre se bouche les oreilles, et le troisième tient sa main sur ses lèvres.

Cela rappelle tout de suite le passage biblique : « Ils ont des yeux et ne voient point, ils ont des oreilles et n'entendent point. »

Mais il ne s'agit pas là de pécheurs endurcis et destinés à périr dans l'impénitence finale, au contraire.

Le singe personnifie les passions humaines, et ceux que nous voyons se bouchent les yeux pour ne pas voir le mal, se ferment les oreilles pour ne pas entendre de mauvaises paroles, et se couvrent la bouche pour n'en pas dire.

Ils représentent aussi le symbole des mauvaises passions vaincues par la sainteté.

Notons en passant que certains vases péruviens reproduisent les mêmes singes dans les mêmes attitudes.

Pendant que je me promène autour des tombes, des crabes rouges courent dans les herbes.

Pourquoi sont-ils rouges, est-ce que, par hasard, ils se seraient échappés de la casserole? Ou bien ont-ils quelque lien d'une parenté lointaine et mystérieuse avec ce homard devenu légendaire que le regretté Jules Janin dénommait audacieusement : « le Cardinal des mers » ?

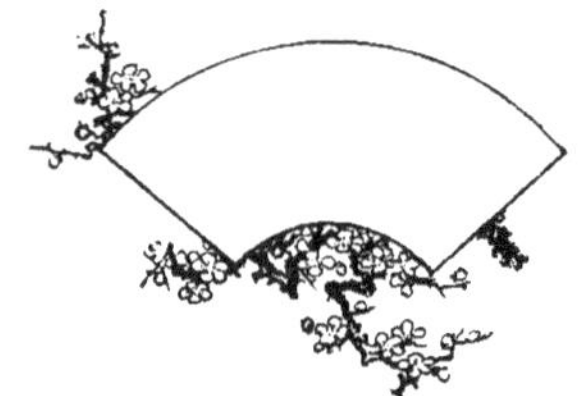

LA TRANCHÉE D'ASSAHINA

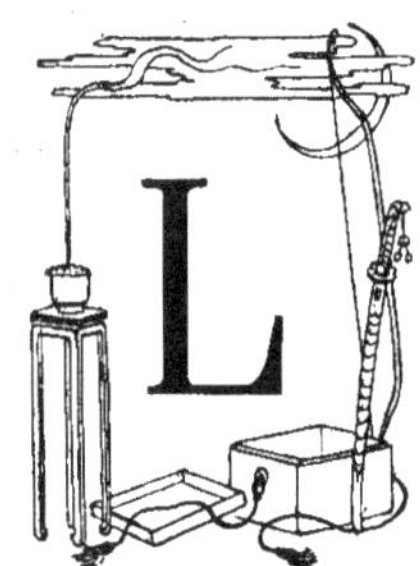

A caravane se remet en marche par des montées raides et glissantes taillées dans le granit. C'est très-pittoresque. Le chemin se creuse de plus en plus et nous arrivons dans une véritable tranchée de quarante pieds de haut, entre les parois de laquelle une voiture européenne pourrait à peine passer.

Cet endroit s'appelle Assahina-no-Kiri-dooshi, c'est-à-dire le *chemin coupé* d'Assahina.

C'est un travail du XIIe siècle et qui a été certainement exécuté sur les ordres d'Yoritomo, le premier Taïkoun, quoiqu'on en fasse honneur à Assahina, qui avait probablement treize à quatorze ans quand la tranchée fut faite.

Voici, du reste, ce que l'on raconte au sujet de ce jeune enfant :

Son père, Yoshinaka, quoique du parti du drapeau blanc, comme Yoritomo, était en guerre avec ce dernier ; car le nouveau shiogoun, après s'être servi de ses alliés pour accaparer le pouvoir, attaqua successivement ceux qui lui portaient ombrage et parvint à affranchir ou à supprimer peu à peu tous ses défenseurs.

Yoshinaka livra aux deux frères de Yoritomo, Nori-yori et Yoshitsouné, la célèbre bataille d'Ouzi, près Kioto, et il la perdit.

A côté de lui combattait Tomo-ié, sa concubine, femme énergique et belle qui portait déjà dans son sein le jeune Assahina.

Dans la débâcle qui suivit la défaite, Yoshinaka fut percé d'une flèche et mourut ; Tomo-ié fut prise et conduite au général Mioura-Yoshi-Akira, qui l'emmena à Kamakoura pour lui faire subir le dernier supplice.

Pendant que l'on délibérait sur le genre de mort qui devait mettre fin aux jours de la belle guerrière, Mioura pensait au moyen de la sauver.

Il voulait surtout sauver le fils de Yoshinaka et perpétuer la race de son ennemi. Le sentiment est généreux et fort admiré des chroniqueurs japonais, mais on peut se demander si, dans un pays où les guerres sont héréditaires, la pensée qui pousse à conserver la race d'un ennemi n'est pas la même que celle qui engage le chasseur à ne pas détruire tout son gibier.

N'y avait-il pas aussi cette idée de s'attacher et d'attacher au parti d'Yoritomo, dont la puissance nouvelle était fort contestée, un jeune prince autour duquel gravitaient de nombreux et vigoureux partisans ?

Quoi qu'il en soit, Mioura sauva la mère et l'enfant en épousant la mère.

C'était, dans tous les cas, le moyen d'obtenir une récompense immédiate de sa générosité.

L'enfant fut élevé dans un palais de Kanasawa et Yoritomo, ayant établi sa cour à Kamakoura, faisait souvent venir auprès de lui le jeune prince, dont il appréciait l'intelligence, le courage naissant et sans doute aussi la puissance future.

C'est, dit-on, pour faciliter ces relations amicales que la tranchée

Au milieu de la tranchée, s'élève une maison de thé, consistant en un toit de chaume épais que supportent, en guise de pilastres, des piquets de bambous.....

Nos hommes se sont arrêtés là.....

(Page 91).

fut faite. On assure qu'Assahina y passa le premier et lui donna son nom.

Mais si l'on réfléchit à la situation qu'avait à Kamakoura le premier shiogoûn; si l'on reconnaît que le petit port de Kanasava devait être un refuge inattaquable pour les vaisseaux anciens; si l'on considère enfin qu'Assahina et ses partisans étaient séparés de la cour par une infranchissable muraille de rochers; on comprend facilement que ce sont plutôt des mesures stratégiques, politiques et féodales qui ont fait exécuter ce travail gigantesque.

Il faut donc, pour être dans le vrai, attribuer à l'intérêt personnel du nouveau maître du Japon ce beau travail d'ingénieur, et n'y pas voir avec la légende une fantaisie dictée par l'amitié.

Le côté romanesque de cette histoire est contesté par certains chroniqueurs, qui disent qu'après la défaite d'Ouzi la belle Tomo-ié se retira dans un couvent et se fit bonzesse.

Peu importe du reste, car l'intérêt de l'anecdote est dans la construction du grand chemin que nous parcourons.

Au milieu de la tranchée, dans un lieu tout rempli d'une délicieuse fraîcheur, s'élève une *maison de thé* consistant en un toit de chaume épais que supportent, en guise de pilastres, des piquets de bambous.

Nos hommes se sont arrêtés là un moment pour fumer une de ces imperceptibles pipes japonaises qui donnent trois bouffées de fumée et s'éteignent.

Les Japonais sont des délicats qui savent se réserver le plaisir des choses en ne se rassasiant jamais.

Pour rallumer ces calumets éphémères les fumeurs ont recours ordinairement au *chibachi*, sorte de fourneau qui contient des cendres chaudes, à l'instar du *couvet* en usage dans les départements du nord de la France. Ici le *chibachi* est remplacé par une vieille racine creuse de

forme bizarre, où viennent puiser sans cesse voyageurs, pèlerins, paysans et autres nomades.

Cette maison a la réputation d'être un bon coin.

Ceux qui passent par les environs n'auraient garde de manquer de s'y arrêter au moins quelques instants.

LES AMOURS D'YORITOMO

EPENDANT nous descendons sur Kamakoura. L'ancienne capitale est à peine un village.

Des restes d'avenues, des portiques sacrés et un vieux temple adossé à la montagne, voilà ce qui reste de la splendeur des Shiogouns.

Pour bien comprendre le sort de ces cités japonaises qu'un caprice grandit, qu'un caprice supprime, il nous faut de nouveau jeter un coup d'œil dans les profondeurs troublées et sanglantes du moyen âge au Japon.

De même que l'Angleterre a été longtemps agitée par les partisans de la rose rouge et de la rose blanche, de même le grand Nippon a été bouleversé à plusieurs reprises par les guerriers, défenseurs du drapeau blanc, et par ceux qui voulaient la suprématie du drapeau rouge.

Des guerres civiles interminables firent dominer tantôt l'un des partis, tantôt l'autre. Et il est difficile de trouver d'autres mobiles à ces troubles incessants, que des ambitions personnelles ou des vengeances de famille.

Pendant ce temps le Mikado, le descendant des dieux, était l'enjeu impérial de la partie : les vainqueurs s'en constituaient les gardiens, le tenaient à l'écart des affaires, l'honoraient, l'annulaient, en faisaient un prisonnier sacré.

Puis quand l'autre politique avait le dessus, on délivrait l'empereur, on proclamait son droit à la liberté, on exaltait son amour du peuple, sa puissance, sa sainteté, et on le séquestrait à nouveau.

Un jour, le parti blanc, représenté par Minamoto, qui tenait le pouvoir, fut vaincu, taillé en pièces, poursuivi à outrance.

Le jeune Yoritomo, encore imberbe, fuyait avec son père et ses frères, suivi de quelques serviteurs. La neige les surprit pendant la route; les chevaux ne pouvaient plus avancer; les chemins disparaissaient à chaque instant et il fut bientôt impossible de se reconnaître.

Séparé des siens par la tourmente, Yoritomo s'égara et fut obligé de continuer seul sa route. Un soir, complétement perdu, il arriva sur le bord de la mer à Kohiraiama.

Un pêcheur, comprenant que le voyageur n'était pas d'une race ordinaire, l'accueillit avec beaucoup de déférence et lui donna l'hospitalité. Ici la tradition japonaise offre une analogie curieuse avec ce que les racontars des Grecs nous ont appris du fils de Pelée. On se souvient qu'Achille ayant été menacé par l'oracle d'une mort prématurée devant les murs de Troie, sa mère l'envoya, sous un déguisement de femme, à la cour de Lycomède, dans l'île de Scyros : qu'Ulysse l'y découvrit en lui tendant un piége.

Or, le bon pêcheur dont il est parlé plus haut, pour soustraire Yoritomo à ses ennemis, le fit habiller en fille, enveloppa son sabre dans de la paille, et le conduisit lui-même, en le mettant sur ses épaules, jusqu'à Aobaka-no-èk, où le jeune homme désirait se rendre.

Arrivé dans ce village, le nouvel Achille en robe de femme confia

Taïko (1).

(Fac-simile d'un dessin japonais).

1. Nota. — Sous ce dessin on a imprimé le nom d'Yoritomo, c'est une erreur. — Le personnage représenté est Taïko, le même qui s'est appelé de son vivant tantôt Hashiba, et tantôt Hidé-Yoshi, et que la postérité connaissait sous le nom célèbre de Taïko : car le Japon honore ses grands hommes sous un nom différent de celui qu'ils portaient de leur vivant. C'est très-commode pour les recherches historiques !

son sabre à une Japonaise nommée Endjou et se dirigea au nord vers le Kvantoo.

Il rencontra sur sa route un chef du parti de Taïra, — le parti du drapeau rouge. — Il fut reconnu, fait prisonnier, conduit à Rokehara, où on le condamna à mort.

Yoritomo était beau, il avait les charmes de la jeunesse ; une femme le sauva.

Elle s'appelait Ykénoama et avait perdu un fils dont Yoritomo avait les traits. En souvenir de l'enfant qu'elle n'avait plus elle demanda la grâce du jeune homme ; malgré un refus, insista, organisa une sorte de manifestation et obtint gain de cause.

Le captif fut exilé dans l'île de Hirouga. « C'est un tigre qu'on lâche dans les champs, » disaient ceux qui le voyaient passer avec sa figure noble et son regard indomptable.

Placé d'abord sous la surveillance de la famille Sedoo, il la compromit dans un mouvement hostile au parti rouge.

Il fut alors confié à la famille de Hoojio, qui le prit en grande amitié.

Hoojio avait deux filles qu'on tenait cachées, suivant l'usage de la noblesse du pays.

Yoritomo crut de son devoir de tomber amoureux d'une des filles de son gardien, afin de se ménager une intelligence dans la place.

La difficulté était de faire un choix, n'ayant vu ni l'une ni l'autre des jeunes filles avec lesquelles pourtant il habitait.

Il opta pour la cadette.

Or la cadette était fort laide.

Et le serviteur chargé de lui porter une brûlante déclaration d'amour de la part du jeune guerrier, pensa qu'il était beaucoup mieux, dans l'intérêt de tous, de remettre la lettre à la sœur aînée qui était fort belle.

13

YORITOMO

Fac-simile d'un dessin japonais.

L'histoire ne dit pas si Yoritomo gronda le serviteur. Mais les historiens assurent que la liaison du jeune homme et de l'aînée des sœurs devînt des plus intimes.

Sur ces entrefaites, le père arrivait de Kioto avec un gendre tout trouvé, qu'il avait rencontré en route et qui avait fait sa conquête.

Et voilà qu'au débotté on lui apprend toute l'aventure des amours de sa fille.

Vous croyez qu'il va se fâcher ou renvoyer le gendre de son choix et marier les amoureux.

Vous ne connaissez pas la prudence féodale.

Intérieurement il se félicite d'avoir pris Yoritomo le terrible dans les filets roses et bleus de sa fille aînée, et, faisant semblant de tout ignorer, il la marie à son protégé.

Ce qui devait arriver arriva. Profitant d'une pluie torrentielle et d'une nuit noire, la jeune fille se sauve avec son amant, le soir même de la noce.

Et pendant que le mari cherchait sa femme, le beau-père se faisait l'allié du redoutable suborneur de sa fille.

Par suite de quoi, toujours sous prétexte de drapeau rouge et de drapeau blanc, Yoritomo s'en va en guerre contre le mari de sa femme et le tue.

Cet exploit décide les hésitants ; les vieux partisans blancs relèvent la tête ; les mécontents — et il y en a toujours — se joignent aux vieux partisans blancs, si bien que le parti qu'on croyait mort devient une armée.

Notez bien que tout cela se faisait par ordre du Mikado ou plutôt en son nom.

Quand il était las de voir flotter le drapeau rouge devant son palais, il décrétait que le parti blanc devait prendre les armes.

C'était sa manière de changer de ministère.

Et voici comment Yoritomo, pour avoir trop aimé une jeune fille qu'il n'aimait pas, devint chef de parti, gagna la bataille de Sourouga et fit son entrée triomphale à Kamakoura, qui devint son quartier général.

XVIII

KAMAKOURA

L va sans dire que ce n'est pas mon interprète qui me donne tous ces renseignements historiques.

La seule indication que j'aie pu obtenir de lui, c'est que la tranchée d'Assahina avait été faite au xe siècle par des bonzes. Ce qui n'est pas très-exact, comme on sait.

Il ne reste plus de l'ancienne splendeur de la résidence des premiers Shiogouns qu'un grand temple dédié à Hatchiman, le dieu de la guerre, qu'il ne faut pas confondre avec Hatchiman-Taro, prince célèbre qui, avant Yoritomo, avait illustré Kamakoura.

Une avenue de trente mètres de large et de trois cents de long conduisait de la mer au temple ; puis on passait sous un grand tori-i de granit, orné d'armatures élégantes en bronze vert ; après, se présentait un pont également en granit et imitant, avec la pierre, la complication harmonieuse d'un pont chinois fait de poutrelles cintrées ; alors on continuait son chemin par une autre avenue, dont les grands arbres sont encore debout et qui est ornée d'immenses lanternes de pierre, portées sur des socles élancés marqués aux armes d'Assahina ; il est probable que c'est ce prince ou sa famille qui en a fait cadeau au temple.

Nous suivons cet itinéraire et arrivons enfin au pied de la montagne couverte de forêts et de jardins, ornée de terrasses immenses et d'escaliers monumentaux qui conduisent aux sanctuaires.

Avant de monter, on nous fait voir les curiosités des jardins qui sont dans la partie basse.

Malgré les longues explications du vieux sacristain qui nous guide — car celui-là paraît savoir beaucoup de choses — je ne puis pas tirer de mon interprète le moindre renseignement satisfaisant.

— Il ne dit que des bêtises ! s'écrie-t-il en parlant de l'employé sacré.

Telle est la réponse aux nombreuses questions que j'adresse, telle est la traduction des dissertations loquaces du sacristain shintoïste.

Les curiosités se composent, du reste, de grosses pierres naturelles, de petites grottes, de petits étangs et d'arbres historiques.

Je comprends cependant, sans le secours de l'interprète et grâce à la pantomime du vieillard, qu'une grosse pierre noire, qui affecte des formes féminines assez inconvenantes, est l'objet d'un culte particulier de la part des femmes qui n'ont pas d'enfants.

Des escaliers et des terrasses superposées nous mènent au grand temple dont on aperçoit le vaste toit pointu, noir et brillant, au milieu des arbres.

Sur les terrasses il y a des groupes de fougères arborescentes et des massifs d'arbres à fleurs roses, qu'on appelle *Sarousouberi* à cause de leur écorce lisse ; le mot veut, en effet, dire que le singe lui-même glisse sur ses branches. Autour de ces fleurs roses voltigent d'énormes papillons noirs comme du velours, aux contours anguleux, et marqués sur les ailes basses de deux grosses taches orange vif.

Au milieu de la dernière terrasse est une sorte de bâtiment vide qui sert à faire la prière, car le sanctuaire proprement dit, d'après les usages *shintoïstes*, ne doit pas recevoir les adorateurs.

A côté de ce bâtiment on montre un arbre gigantesque que les Japonais appellent *Stchioo* et qui produit le fruit nommé *guinnan;* c'est une espèce rare et vénérée. Celui que nous voyons a dû être planté par Hatchiman, l'aïeul d'Yoritomo.

Enfin un escalier en pierre, large et raide, conduit au temple principal.

Tous les monuments sont en laque rouge, et les toits, aux formes recourbées, aux surfaces en rainures, sont en laque noire.

Tout autour du sanctuaire il y a, dans des niches qu'on peut fermer, une sorte de musée historique en plein vent.

D'abord des objets curieux, des sabres, des masques, des instruments de musique, entre autres une flûte traversière, sorte de petit orgue à bouche.

On nous montre le casque et la corne marine d'Yeyas, shiogoun qui transporta à Yédo la cour des lieutenants du Mikado.

Yeyas a sa statue placée à côté de celle des dieux, entre Benten, coiffée du tori-i doré, Vénus japonaise sortie de la mer, et Saï-no-Kami, dieu du bonheur.

Ce dieu légendaire a sans doute existé. Il eut pour lui la bonne chance, mais il eut aussi la bonté qui facilite beaucoup les hasards heureux. Il fut successivement artiste, cordonnier, paysan, marchand ; il exerça tous les métiers pour faire fortune, mais un défaut l'empêchait de réussir; il était trop généreux et dès qu'il gagnait quelque argent, il le donnait. Néanmoins cette manière de placer sa fortune dans la poche de ses amis lui fut des plus utiles. Ayant tenté la carrière des armes, il fut nommé général et eut de l'avancement, même après sa mort, puisque la postérité l'a fait dieu, et dieu du bonheur, qui plus est ! Connu sous le nom de *O-ana-moutshi-no-mikoto*, ce qui n'est pas un nom commode à prononcer et à retenir, il a eu la suprême bonne fortune d'être honoré sous le titre plus simple de Saïno-Kami ; il y a vraiment des gens qui sont nés sous d'heureuses étoiles.

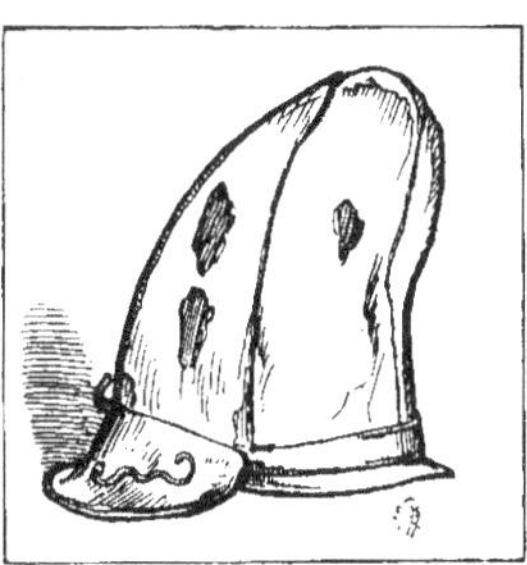

Je remarque un singulier casque de fer laqué en forme de canine recourbée. C'est, me dit-on, celui du complaisant beau-père du jeune Yoritomo.

L'interprète m'embrouille légèrement par ses explications au sujet d'Hatchiman le guerrier et de son patron Hatchiman, le dieu du temple. Néanmoins je suppose que le portrait et les armes qu'on montre ont appartenu au guerrier et que le sanctuaire est consacré au dieu. Hatchiman, dieu du temple, était le fils de la célèbre impératrice Zingoo-Koogoo, qui fit la conquête de la Corée grâce à un singulier vœu qui rappelle de loin, de très-loin, celui d'Isabelle au siége de Grenade.

La reine d'Espagne avait juré qu'elle ne changerait pas de chemise avant que la belle ville de Grenade ne fût prise sur les Maures. Elle finit par prendre la ville et faire un peu de toilette.

L'impératrice Zingoo laissa son mari à la garde de la maison et du Japon ; puis s'en alla toute seule, ou du moins avec les meilleurs généraux du pays, à la conquête de la Corée. La campagne fut longue, dura près de deux ans, et à son retour Zingoo mit au monde un fils.

L'impératrice Zingoo-Koogoo.

(Fac-simile d'un dessin japonais).

L'IMPÉRATRICE ZINGOO-KOOGOO

Fac-simile d'un dessin japonais.

On eut lieu d'être surpris, et l'empereur particulièrement dut faire quelques observations.

Mais la souveraine victorieuse ferma la bouche aux mauvaises langues en proclamant qu'elle avait quitté le Japon dans une position des plus intéressantes, mais qu'elle avait fait vœu de ne pas être mère avant d'avoir pris la Corée.

Grâce à une pierre sacrée cachée dans sa ceinture, le miracle se fit; la Corée fut prise et l'impératrice délivrée à la satisfaction générale.

Des historiens disent que l'empereur était déjà mort lorsque Zingoo partit pour la Corée. Le prodige n'en serait que plus étonnant.

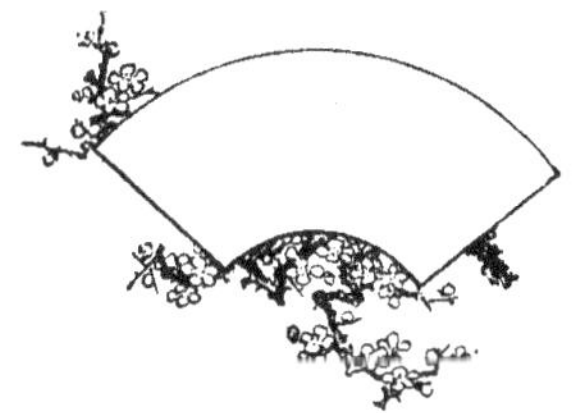

XIX

COMMENT ON CAUSE ENTRE GRANDS HOMMES

'HISTOIRE du Japon est dominée par le sou-
venir glorieux et retentissant de trois Shio-
gouns :

Yoritomo,

Taïko,

Yeyas.

Tous les trois, grands guerriers, habiles
politiques, ambitieux et peu scrupuleux, ont
su réduire au silence les différents partis, pacifier le pays et constituer
l'unité du Japon.

Yoritomo créa le shiogounat (1192), organisa la féodalité sous la
direction d'un chef guerrier aux ordres de l'Empereur, mais agissant en
dehors de l'initiative et de la responsabilité impériales. C'était un moyen
de mettre la famille régnante au-dessus des troubles politiques. D'autant
qu'à côté du shiogoun guerrier il y avait une sorte de premier ministre,
le *kouan-bakou*, régent de l'empire, et de qui dépendait la nomination du
shiogoun.

Taïko (1586), pour venger son ancien maître, le shiogoun Nobounaga,
qui, après avoir pacifié le pays, avait été tué dans son palais en flammes,

Taïko, dis-je, détruisit l'influence des grands nobles, confisqua au profit
du gouvernement les biens du clergé bouddhique, obtint le titre de
kouan-bakou et se nomma lui-même shiogoun, afin de réunir dans les
mêmes mains — les siennes — les pouvoirs militaires et les pouvoirs
politiques.

Yeyas, lui, continua l'œuvre de Taïko et donna au pays les grandes
institutions qui ont fait sa force et ont développé l'intelligence du peuple
japonais. Routes, canaux, écoles, administration, hiérarchie, il organisa
et modela le royaume et ses habitants selon le désir de sa pensée vigou-
reuse (1603). Il fit contre le christianisme grandissant ce que Taïko
avait entrepris contre le bouddhisme turbulent; mais sa tâche fut plus
rude que celle de Taïko, et il ne put arriver à ses fins que par les
tortures et les massacres.

Yoritomo et Yeyas ont ce trait commun qu'ils détruisirent leurs
propres alliés une fois maîtres du pouvoir.

Yeyas avait promis à Taïko de réserver à Hidé-yori, fils naturel
de ce dernier, le poste shiogounal; mais, une fois élevé au rang
suprême, il cerne le fils de Taïko dans la ville d'Osaka et brûle le
palais du jeune prince.

Yoritomo, après avoir détruit le parti du drapeau rouge, envoie ses
deux frères Noriyori et Yoshi-tsouné contre son allié Yoshinaka, qu'on
tue à la bataille d'Ouzi. Puis, jaloux de son frère cadet, Yoshi-tsouné,
il cherche à le faire assassiner par un bonze exalté; et, n'ayant pas
réussi, lance sur lui ses soldats qui lui apportent la tête de son frère.
Quant à Noriyori, le shiogoun s'en débarrasse en l'entourant de tant
d'embûches que le guerrier épouvanté s'ouvre le ventre.

L'histoire des frères d'Yoritomo occupe une large place dans les
chroniques japonaises. Yoshi-tsouné surtout est le favori des historiens
et des littérateurs; ce prince, jeune, beau, courageux, chevaleresque,

avait, comme Achille, été élevé par un demi-dieu, l'adroit Tengou ; il fut l'Alexandre de son frère, qui avait toute la finesse de Philippe de Macédoine ; il fut le Roland des guerres du moyen âge ; il fut le héros aimé et trahi, brillant et persécuté, vainqueur et décapité.

Taïko n'a pas à se reprocher les ingratitudes politiques de ses confrères en shiogounat et en gloire historique.

Il était de basse extraction, quoique ayant eu de tout temps le droit de porter les deux sabres, car il était porte-sandales du shiogoun Nobounaga, et non son *betto*, comme on le dit souvent. Il prit les armes pour venger son maître vaincu et tué. Il abaissa les nobles pour conserver le pouvoir au fils de Nobounaga. Mais comme cet enfant mourut jeune, Taïko retint dans sa main la puissance qu'il avait conquise pour son jeune maître.

Taïko eut un jour une conversation avec Yoritomo, qui vivait trois cents ans avant lui.

Voici comment cela se fit :

On conserve, à Kamakoura, dans le musée que nous visitons, une statue en terre peinte, représentant le premier shiogoun. Le portrait doit être des plus ressemblants, car il a cette vérité d'expression, ce *rendu*, ce trompe-l'œil émouvant qui caractérisent certaines œuvres des artistes japonais.

Lorsque Taïko visita le temple d'Hatchiman, à Kamakoura, il fut frappé de l'air vivant qu'avait cette statue. Il lui sembla que le célèbre guerrier le regardait d'une façon particulière, que la statue paraissait s'animer et vouloir parler, tout comme le Memnon de Thèbes.

Pour mieux l'entendre, le grand kouan-bakou monta sur l'estrade où était la représentation sacrée et se plaça tout à côté d'Yoritomo.

Mais la statue resta muette.

Alors Taïko, lui frappant sans cérémonie sur l'épaule, lui dit :

— Toi, tu es mon ami. Il n'y a que toi et moi qui, avec rien, nous soyons rendus maîtres du Ten-goa (ciel et terre). Seulement tu es d'une famille illustre, et moi je suis fils du peuple ; néanmoins je suis plus grand que toi.

Et comme la statue ne disait toujours rien, il ajouta :

— Je veux aller en Corée pour conquérir ce pays et dompter la Chine. Qu'en penses-tu ?

Yoritomo ne répondit pas. Il devait avoir ses raisons pour ça, car c'était un fin politique.

Mais il paraît que Taïko vit à son regard que son projet était approuvé ; il leva une armée, y incorpora les mécontents qui le gênaient encore, et lança tous ses soldats sur la Corée, qui fut soumise et paya un tribut.

La Corée a été de tout temps pour le Japon un dérivatif aux situations embarrassées.

Les japonais vainqueurs poursuivaient leur marche et s'attaquaient à la Chine lorsque Taïko mourut.

On rappela l'armée et la Corée fut laissée tranquille.

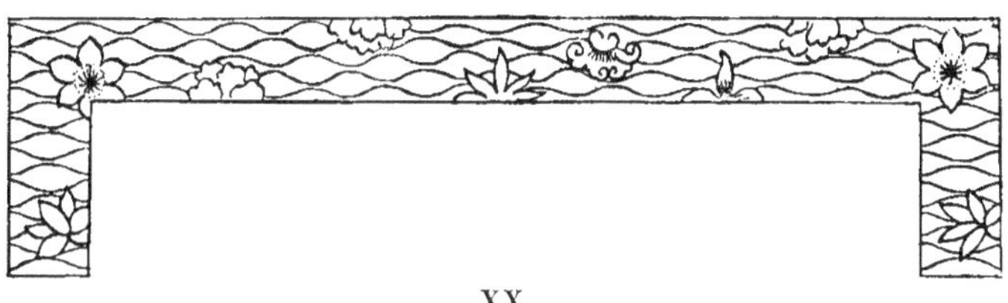

XX

PROPHÈTES ET MIRACLES

N redescendant la montagne par les escaliers et les terrasses, nous jetons des regards émerveillés sur le pays et la mer qui lui sert de confins.

En face de nous s'étendent les traces de l'antique avenue qui menait au port.

C'est au bout de cette chaussée que furent tués, il y a quelques années, deux officiers anglais.

Au commencement de l'arrivée des Européens, il y eut plusieurs assassinats commis sur les nouveaux venus. On croit que ces attaques étaient suscitées pour créer des embarras au pouvoir shiogounal qui avait ouvert le pays aux étrangers, car on a remarqué qu'après la suppression du shiogounat les massacres d'Européens devinrent beaucoup moins fréquents.

Mais ce qui y mit fin complétement, c'est l'interdiction formelle, pour les hommes à sabres, de porter leurs armes.

On peut dire que ce décret du Mikado ferme au Japon l'ère de féodalité inaugurée par Yoritomo. Et du même coup il a amené dans tout le pays une sécurité complète pour les voyageurs, et même pour les

15

habitants, qui avaient souvent à se plaindre des exigences des *samouraïs*.

La chaussée que nous considérons a été, il y a six siècles, le théâtre d'un miracle célèbre.

Parmi les fondateurs nombreux des sectes bouddhiques japonaises un des plus renommés est Nitiren, qui a établi la secte Hokkesiou.

Ce prêtre fut prophète et thaumaturge. C'est du reste par la force et l'abondance des prophéties et des prodiges que le bouddhisme s'est établi en Chine et au Japon.

Or, un jour, ce saint personnage fit une publication dans laquelle il parlait des malheurs qui menaçaient le Japon.

Nouveau Jérémie, il constatait que cinq fléaux avaient déjà sévi sur cette terre ordinairement chérie des dieux.

On avait vu dans le ciel des astres étranges et des météores effrayants. Des provinces s'étaient soulevées et des insurrections avaient éclaté. Les fleuves débordés avaient inondé les campagnes. Les récoltes avaient manqué par suite de l'humidité et la famine s'était déclarée. Enfin des incendies nombreux avaient éclairé les cités de leur lueur sinistre.

Le prophète certifiait que ces malheurs étaient la conséquence de l'irréligion du peuple. Il avait bien trouvé une formule de prière qui pouvait tout sauver, mais on ne s'en servait pas, on négligeait le seul moyen de salut que la Providence offrait aux humains. Cette formule était le fameux

Na-mou-mioo-hoo-ren-gué-kioo.

C'était pourtant bien simple, et il fallait être bien endurci dans le mal, bien aveuglé par l'incrédulité, pour refuser un mode de sanctification à la portée de tous.

Mais on néglige cette formule, on la méprise même, s'écriait Nitiren. Aussi les malheurs fondent sur le Japon.

« Je me consacre au bouddha, à la loi et à l'emblème. »

La formule veut dire tout cela ! Et si l'on n'y prend garde, si on ne l'apprend pas, si on ne la récite pas souvent, à tous moments, de bien plus grands fléaux menacent la contrée.

D'abord la sécheresse, et par conséquent une seconde famine.

Et puis un malheur encore inconnu du Japon, une invasion étrangère, une invasion mongole, qui plus est, se répandra sur l'archipel sacré.

Voilà ce que Nitiren disait dans sa brochure.

Et il avait raison.

Koubilaï-kan venait de conquérir la Chine, il avait envoyé ses flottes victorieuses jusqu'aux Indes, et il se préparait à envahir le Japon avec une *armada* formidable.

Quant à la sécheresse, elle ne tarda pas à sévir.

Elle fut épouvantable.

Et le régent Toki-mouné se vit obligé d'ordonner des prières et d'avoir recours aux meilleurs thaumaturges.

Il s'adressa d'abord à un fameux prêtre de la secte Sinn-gon, qui avait une excellente prière pour demander la pluie. Seulement il fallait la réciter vingt et un jours de suite.

Il est probable qu'elle eût été encore plus efficace en la récitant trente ou quarante jours de suite ; mais le bonze Ioo-kan-rischi — c'était son nom — se contentait de vingt et un jours.

Si bien qu'après avoir fait, pendant trois semaines, sa petite cérémonie, il eut la douleur de voir la sécheresse continuer comme si de rien n'était. On eut alors recours à Nitiren.

Celui-ci écrivit d'abord au prêtre Sinn-gon une lettre des plus sarcastiques, dans laquelle il lui rappelait combien avaient été fréquentes, dans tous les temps, les obtentions de pluie par le moyen de prières même très-courtes, ou de prières faites par des gens de peu d'intelligence ou de peu de sainteté, et Nitiren s'étonnait.

« Vous qui connaissez les deux cent cinquante interdictions de Shaka, vous ne pouvez pas obtenir la pluie même après vingt et un jours ! »

Satisfait du côté de la littérature et de la charité bouddhique, Nitiren se mit en devoir d'opérer.

Il fit construire un belvédère au bout de l'avenue que nous avons sous les yeux, tout au bord de la mer.

Et quand l'estrade fut terminée, il s'y installa et se mit à lire les huit livres sacrés.

Eh bien, quatre jours après la pluie tomba.

On trouva le fait d'autant plus miraculeux que la sécheresse avait duré plusieurs mois, plus les vingt et un jours de prières du prêtre Sinn-gon, plus le temps d'écrire des lettres et de construire des belvédères, plus enfin les quatre jours de lectures sacrées.

Une sécheresse aussi tenace céder enfin !

Na-mou-mioo-hoo-ren-gué-kioo.

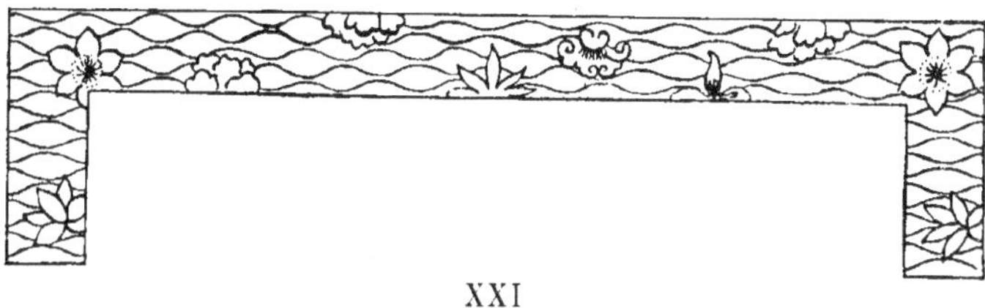

XXI

LE DAÏ-BOUTZ

KAMAKOURA possède beaucoup de ces avenues qui mènent à des ruines, ou plutôt qui aboutissent au néant; car les palais et les temples japonais, construits en bois, ne laissent pas de trace une fois brûlés ou renversés. Mais lorsqu'on interroge le sol on trouve beaucoup de débris antiques, des fragments de bronze, de porcelaines, et des pierres précieuses venues de la Chine; ce qui indique que ce port fut souvent visité par les vastes jonques du Céleste Empire.

D'ailleurs dans les temples du voisinage, et particulièrement dans celui de Shoo-mio-dji, de la secte Sinn-gon, il y a de nombreuses porcelaines chinoises.

Le village de Kamakoura ressemble à tous les villages japonais.

Nous nous arrêtons quelques instants devant un fabricant de masques en bois. Comme tous les sculpteurs de ce pays, c'est vraiment un artiste. Il faut pourtant dire que pour ces productions, de même que pour les statues et les peintures, il y a une série de types et de scènes consacrés par le goût et l'usage, dont on ne s'écarte guère, si bien qu'on peut arriver à une grande habileté sans avoir fait autre chose que des copies.

Je parle pour la généralité ; car il se forme une nouvelle école fort originale, dont Hokou-saï a été le chef, et avec laquelle nous aurons à compter.

Nous avons repris nos voitures et j'entreprends de causer avec mes djinrikis.

Ils sont fort gais et cherchent à m'apprendre le japonais.

Un de mes hommes est particulièrement gracieux et avenant ; son type aquilin, très-délicat, n'a rien de mongolique ; son corps, petit et un peu grêle, est néanmoins vigoureux et harmonieusement musclé. Il paraît fort intelligent, et c'est sans contredit le meilleur de mes deux professeurs de japonais.

Il a pour tout vêtement l'étroite et longue pièce d'étoffe blanche que tout Japonais passe entre les jambes et rattache autour des reins (foundoshi), une paire de guêtres, ou plutôt de knémides en coton bleu, et un chapeau anamite en forme de demi-melon, tout blanc.

C'est surtout grâce à sa complaisance que je fais de rapides progrès dans la langue de ses pères. Je sais déjà dire :

Konnitiva, — *bonjour*, que je prononce : *comment tu vas ?*

Arigato, — merci.

Atsouï, — chaud.

Samouï, — froid.

Yoroshi, — bien, — *all right*.

Et le fameux *arimas*, ainsi que le non moins fameux *arimassen*.

Arimas veut dire : *il y en a*, mais dans les acceptions les plus larges.

Ainsi au lieu de dire :

— M. Wirgman est-il chez lui ?

On dit tout simplement :

— M. Wirgman arimas ?

A quoi l'on répond :

— *Arimas,* — il y en a.

Ou, dans le cas où M. Wirgman est sorti :

— *Arimassen,* — il n'y en a pas.

On m'assure qu'avec ces deux mots on peut traverser le Japon sans interprètes et se faire comprendre partout, bien plus facilement qu'avec le célèbre *Onadzikoto,* — la même chose, — que l'on prononce, pour plus de facilité, *à la gigoto,* et qui ne peut servir que si l'on a sous la main un point de comparaison.

La vallée se rétrécit de plus en plus et les voitures s'arrêtent au centre d'un groupe de collines vertes, à la porte d'un bois sacré.

L'endroit est des plus pittoresques et avait été choisi par Yoritomo à cause de sa beauté.

A droite et à gauche de la porte sont d'énormes statues rouges dans des niches ; personnages grimaçants, mouvementés, aux vêtements flottants, ils sont destinés à veiller à la garde du lieu saint.

Nous ne tardons pas à voir au-dessus des arbres, semblable à une colline de bronze noir au milieu des montagnes vertes, la tête immense du Daï-boutz, statue gigantesque non pas du Bouddha Sakia-Mouni. comme on le dit toujours, mais du Boutsou Roshana, forme de Daï-niti-nioraï.

Puis, en avançant nous arrivons en face du colosse, qui nous apparaît dans son calme effrayant et sa majesté divine et puissante.

Le Bouddha est représenté accroupi, les jambes croisées, dans l'attitude de la méditation, les deux mains renversées, la paume en l'air, de manière à faire toucher l'extrémité des pouces, le bout des doigts repliés et joints par les ongles.

C'est le cas d'interroger l'interprète, mais selon l'usage, il me répond :

— Je ne sais pas.

Il y a là un bonze que je fais consulter. Il ne sait pas.

J'aurais dû m'y attendre.

Devant le dieu sont des vases garnis de lotus de bronze, des lanternes, des chandeliers; tous ces objets paraissent assez petits, mais quand on s'approche, on est surpris de voir qu'ils ont deux fois la hauteur d'un homme. Le Daï-boutz a près de vingt mètres de haut.

Le jeune bonze, gardien du sanctuaire, a un air assez éveillé; sa figure ascétique est volontiers narquoise. De son dieu, il ne sait rien, ou du moins paraît ne rien savoir; mais il vend de la bière et du champagne, et semble plus préoccupé de faire son commerce que de donner des explications religieuses.

Du reste, son champagne m'inspire autant de méfiance que les révélations qu'il pourrait faire, car l'étiquette française est posée sens dessus dessous sur les bouteilles, ce qui semblerait indiquer que ce n'est pas une main européenne qui a présidé au collage de la marque.

Pendant que nous admirons le colosse, nos dessinateurs, Wirgman et Régamey, prennent des croquis de la statue.

Mais voilà que je m'aperçois qu'ils ont trouvé un concurrent sérieux. C'est mon gracieux djinriki; avec la pointe d'un bâton, il s'est mis à copier le Daï-boutz sur le sable du jardin.

Nos artistes s'arrêtent dans leur travail pour se donner le plaisir d'admirer l'œuvre de leur émule dont le talent est vraiment surprenant.

Et ce fait n'est pas un accident. Tous les Japonais ont le sentiment de l'art et tous apprennent, dans leurs écoles, à manier le pinceau qui écrit et dessine.

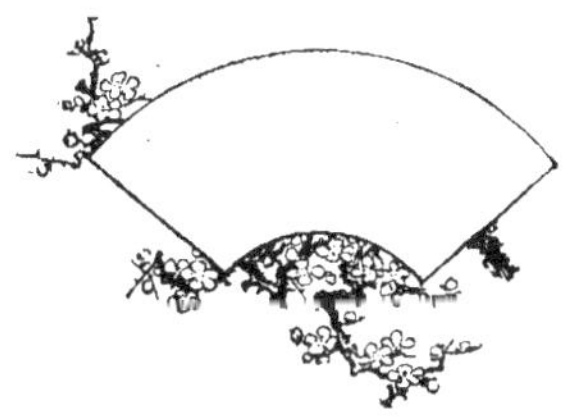

XXII

CE QU'UN DIEU A DANS LE VENTRE

L y a une porte au socle du colosse et l'on peut pénétrer dans l'intérieur de la statue.

On y a établi un sanctuaire assez compliqué. Les dieux du bouddhisme sont représentés nombreux et placés dans tous les coins, à toutes les hauteurs.

Le Daï-boutz a un olympe dans le corps.

Les figures de bois doré, patinées par le temps et luisantes, sont serrées les unes contre les autres comme les tuyaux d'un orgue divin, et forment les intestins de ce géant de bronze. Il a des chapelles dans les reins; il en a dans les coudes. Comme épine dorsale il a un escalier sacré, échelle dangereuse et vermoulue, qui conduit à de petits sanctuaires placés dans les épaules. Un dieu veille dans sa tête et le creux formé par son nez est une niche de saint.

On peut faire l'autopsie de ces viscères symboliques et l'on trouve que les organes de ce Bouddha sont précisément les organes du bouddhisme.

Les êtres plus ou moins surnaturels qui président aux destinées du monde sont représentés là. Particulièrement le dieu Kouannon et ses transformations.

On assure qu'il prit trente-trois formes différentes. Il s'est même transformé en femme, et c'est sans doute ce qui l'a fait appeler par tous les voyageurs « la déesse Kouannon. »

On le voit là, tantôt avec ses mille bras, ce qui indique sa puissance; tantôt les deux mains jointes et les doigts allongés, ce qui veut dire qu'il est maître du monde entier; tantôt les doigts étendus et joints, excepté les deux index recourbés sous les pouces, ce qui indique qu'il sait enchaîner les démons. Lorsque sa main droite est ouverte et abaissée vers la terre en pliant le pouce sur la paume, cela signifie qu'il domine les éléments. Lorsqu'il tient la main horizontale et renversée, la paume en l'air en réunissant le pouce et le médium, il proclame qu'il vaut une boule de pierre précieuse; et lorsqu'il lève la main vers le ciel en réunissant le pouce et l'index, il donne l'esprit de charité à tous les êtres.

On voit, en somme, que ces nombreuses idoles sont les personnifications des qualités particulières d'un même dieu, émanant lui-même d'un être unique; on voit que ce sont des litanies figurées, toutes les forces d'un dieu symbolisées. Comme à l'acropole d'Athènes, comme dans les sanctuaires égyptiens, comme sur les pylones indiens, la multiplicité des figures indique, non pas la multiplicité des idoles, mais les nombreux attributs, les qualités variées, les pouvoirs infinis d'un personnage divin et symbolique lui-même.

Ces religions d'Orient, qui s'épuisent à créer des Olympes pour faire comprendre la grandeur, la puissance, la bonté de Dieu, partent exactement du même principe que les religions monothéistes des Veddiques, des Hébreux et des Musulmans, qui repoussent toute image, afin de mieux rendre l'idée divine.

Les procédés sont différents, voilà tout.

Et les résultats encore plus différents que les procédés.

C'est ainsi que je trouve dans un coin la représentation de Foudo-sama, conducteur des âmes, comme Kouannon, et, de plus, leur gardien et leur justicier. Mais ce dieu n'est pas un antagoniste du Dieu unique, comme dans le Masdéisme persan et dans les religions qui ont des diables ; c'est une émanation directe de l'être suprême Daïniti-nioraï.

Un autre jeune bonze à tête rasée est venu nous rejoindre dans le colosse ; il s'offre gracieusement à me donner des explications par l'intermédiaire de l'interprète, et j'apprends que Foudo-sama est un *prince qui marche par l'ordre du roi.*

J'apprends aussi que la déesse Aïzen-mio-ô dont le nom veut dire : *Hymne de vérité*, est surtout invoquée par les femmes.

Or, Aïzen-mio-ô est un bouddha de la série de Hoo-bou (trésor) ; il mène à la vérité en accordant le bien-être, la fortune et l'amour. Je comprends que ce dieu soit choyé par les femmes, et je comprends que son système de conversion lui fasse de nombreux prosélytes, mais je ne comprends pas pourquoi on me dit que c'est une déesse et que son nom signifie *Hymne de vérité*, puisque Aïzen-mio-ô veut dire : *roi brillant de la teinture d'amour.*

Cette dernière dénomination est bien japonaise.

La statue qui est placée dans la tête du Daï-boutz a appartenu à Yoritomo ; c'est, d'après le bonze, un *Moniolaï;* il est heureusement facile de comprendre qu'il s'agit de Sakia-mouni-nioraï, le Bouddha par excellence, l'homme devenu dieu par la perfection de son âme.

On dit que l'immense statue que nous visitons a été érigée par les ordres d'Yoritomo, et que c'est le premier shiogoun qui, ravi par les charmes du paysage, avait voulu qu'on y établît une colossale figure du Bouddha Daïniti.

C'est possible.

Mais les archéologues font observer que l'espèce de bronze employée à la construction du colosse n'était pas connue du temps d'Yoritomo, et que l'alliage utilisé et le système des soudures sont d'invention plus moderne.

C'est donc une question à étudier.

Primitivement, la statue était dans un temple en bois. On voit encore, sur le sol, les larges bases de granit qui supportaient les piliers de l'édifice.

Les fenêtres qui éclairent l'intérieur sont placées dans le dos, et les volets ouverts ressemblent, vus de dehors, à deux paires de petites ailes.

Après avoir bu la bière sacerdotale que nous offrent les bonzes et que nous payons grassement, nous reprenons notre course du côté de Katassé où nous devons souper et coucher.

XXIII

DANS LES VAGUES

ous ne tardons pas à arriver à la mer dont nous devons suivre jusqu'à Katassé la plage harmonieusement découpée.

Le sable mouvant, noir et fin, rend le voyage difficile. On quitte ses chaussures : voitures, voyageurs et djinrikis cheminent dans les vagues pour trouver un sol plus ferme et ne pas enfoncer à chaque pas.

L'interprète a mis ses *tabis* et ses *guétas*. Cette chaussure incommode ne l'empêche pas de marcher dans le sable mouvant, où chacun de ses pieds laisse un grand trou en forme de cratère.

Le *tabi* est un brodequin d'étoffe blanche dans lequel l'orteil est séparé des autres doigts, pour laisser passer les attaches des sandales de paille ou des guétas de bois.

Le *guéta* est une sorte de petit banc de la forme de ceux que les ouvreuses des théâtres offrent aux dames; ce meuble est fixé d'une manière très-peu solide à l'orteil que le tabi laisse libre; il a pour avantage de protéger le pied contre l'humidité, et il a l'immense inconvénient de faire tomber ceux qui ont la hardiesse de s'en servir. Dans les pays de montagne on se met sous les pieds des guétas qui ne sont supportés que par une seule planchette de cinquante centimètres de haut; ce

système de chaussure ou de piédestal demande des connaissances particulières en équilibre; c'est, après tout, moins étonnant que les échasses.

Nous laissons sur la gauche des falaises blanches et vertes, derrière lesquelles s'étendent au loin les montagnes noires et déchiquetées qui, ce matin, nous cachaient Yokoska.

Sur la droite, des lisières de bois de pins forment à la plage une frange verdoyante et sombre.

Et devant nous le Fouzy-yama, le volcan aux fins contours, nous apparaît vaporeux, entre les deux silhouettes abruptes et noires du cap de Katassé et de l'île d'Enoshima.

Et devant nous le Fouzy-Yama, le volcan aux fins contours, nous apparaît vaporeux, entre les deux silhouettes abruptes et noires du cap de Katassé et de l'île d'Enoshima.

(Page 128).

Le mont Fouzy est d'un gris rosâtre; il baigne dans une ceinture de nuages blancs.....

(Page 131).

Le mont Fouzy est d'un gris rosâtre; il baigne dans une ceinture de nuages blancs que le soleil, déjà disparu, colore cependant de teintes enchanteresses.

Tout au fond, des montagnes encore éclairées se perdent dans les horizons vaporeux et brillants.

A mesure que nous avançons, les pieds doucement caressés par la mer, la nuit arrive et les lumières commencent à consteller le cap et l'île.

Le ciel se couvre peu à peu, et c'est sous la pluie que nous faisons notre entrée dans Katassé.

A l'auberge, les servantes assez avenantes, marchant en traînant les sandales, nous abordent avec de joyeux sourires et nous apportent de l'eau tiède pour nous laver les pieds.

Telle la vieille Sarah se mettait à genoux devant les anges voyageurs et leur trempait les pieds dans le baquet patriarcal, telle la jeune servante s'accroupit devant moi et se livre sur mes extrémités infé-rieures à des ablutions réparatrices.

On met à notre disposition des vête-ments japonais. Peu au courant des cou-tumes, je m'en prive et j'ai tort.

L'usage est que les voyageurs, arrivant à l'auberge, prennent un bain japonais, qui se compose d'une immer-sion brûlante suivie d'une aspersion froide. Puis l'aubergiste vous fournit des kimonos propres dans lesquels on passe la nuit; c'est le drap de lit.

Le lendemain, on retrouve ses habits séchés et l'on repart, reposé, frais et dispos.

Nos artistes, avides de couleur locale, se transforment en Japonais et s'en trouvent bien.

Le dîner — envoyé de Yokohama — est accueilli avec un certain enthousiasme. Les servantes s'occupent beaucoup plus de causer et de rire que de nous servir.

Les servantes s'occupent beaucoup plus de causer et de rire que de
nous servir.

(Page 132).

Elles sont, du reste, assez ahuries par le service européen que nous
réclamons d'elles; elles font quiproquo sur quiproquo, et se tirent

d'affaire en riant le plus possible;
ce qui les dispense d'agir, de comprendre et même de savoir pourquoi elles rient.

On nous a installés au premier
étage de la maison. Nous l'occu-
pons en entier. On en a fait une
pièce unique, en enlevant les cloisons mobiles qui séparent les unes
des autres les chambres japonaises.

Grâce à ce système d'écrans
en papier, qu'on fait glisser dans
des rainures fixées au plafond et au
plancher, on peut à volonté mul-
tiplier ou diminuer le nombre des
chambres.

Pendant l'été on enlève tout,
afin d'avoir plus d'air et plus de
fraîcheur; on ne laisse que quel-
ques portes fixes, qui font un singulier effet, isolées au milieu de
l'appartement.

Les murailles extérieures se composent des mêmes cloisons mobiles
qui servent de séparation à l'intérieur.

Puis vient un étroit balcon où se placent des volets de bois, qu'on
peut glisser tout autour de la maison sous le rebord du toit, mais dont
on ne se sert que rarement, seulement si l'on abandonne la maison et
quand le froid devient trop vif.

On peut dire que dans ce pays les maisons ne sont pas fermées. Et c'est en effet inutile, puisqu'il est rare de trouver des voleurs et qu'on ne rencontre aucun mendiant.

Comment cela se fait-il? allez-vous demander.

Réponse : trois siècles d'écoles primaires publiques et gratuites !

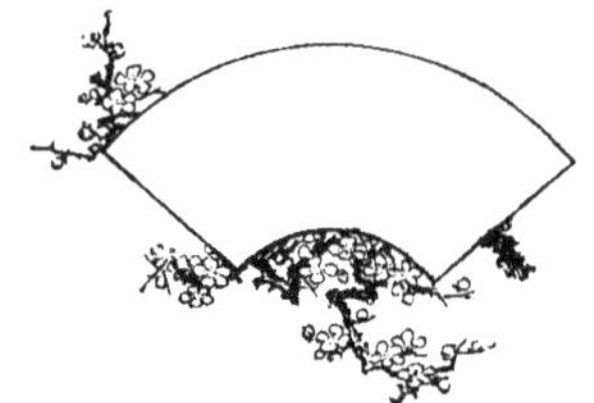

XXIV

NUIT JAPONAISE

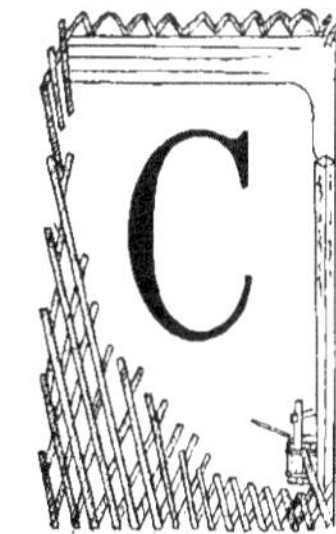

'EST tout une affaire que de se coucher.

Nous avons bien apporté des draps, mais il n'y a pas de lit.

L'usage est de dormir sur la natte de la chambre, renforcée d'un léger matelas fort mince. La tête a pour tout oreiller un morceau de bois en forme de brique, légèrement incurvé par le haut et rembourré d'un tampon de papier.

C'est le *makoura*, terreur des touristes européens. Ce petit meuble, qui élève la tête à quinze ou vingt centimètres du sol, a l'avantage de vous éviter la chaleur en établissant autour du cou un courant d'air bienfaisant. Il vous force à vous tenir tranquille pendant le sommeil, car le moindre mouvement imprudent fait retomber la tête sur le plancher.

Ce traversin invraisemblable est utilisé par un peuple entier ; il a dû rendre des services à d'autres nations dans l'antiquité. Les monuments égyptiens nous apprennent que, sur les bords du Nil, on dormait sur un chevet analogue. On a même proposé d'assigner cet usage aux croissants de terre cuite que l'on trouve dans les lacs de la Suisse. Et quoiqu'on ait contesté la possibilité de dormir sur les croissants suisses ou sur les chevets égyptiens, les Japonais nous démontrent qu'on sommeille parfaitement sur les makouras.

Pour mon compte, je n'ai pas eu à me repentir d'en avoir essayé, et je suis encore à me demander comment j'ai pu tenir la tête en l'air toute une nuit sur ce singulier petit meuble.

Donc on étend, pour nous, sur les nattes, les minces couchettes; on place les makouras et l'on accroche au plafond de véritables chambres de gaze vertes, afin de nous prémunir contre les piqûres des moustiques, fort à redouter ici.

Il ne nous reste plus qu'à glisser à quatre pattes sous les cages de soie, à nous étendre sur les matelas et à dormir en équilibre sur l'oreiller de bois.

On a éteint la lumière, mais la clarté de la lune pénètre à travers les murs et remplit la chambre d'une lueur étrange.

Une infinité de bruits inconnus me tiennent en éveil. Tout semble calme autour de nous et pourtant de vagues mugissements, des plaintes, des grondements accompagnés de secousses violentes se font entendre au loin.

Je sais que le Japon est sujet aux tremblements de terre, mais ce qui frémit à distance est plutôt l'océan que la montagne. En effet, je finis par reconnaître le souffle régulier et puissant de la grande mer, dont les vagues viennent l'une après l'autre s'étendre lourdement sur la plage.

Mais un autre bruit se mêle à ces heurts répétés. Une sorte de gémissement court autour de la maison. Les génies de la terre se sont sans doute réveillés et protestent contre la présence insolite d'étrangers sur le sol sacré de Katassé, si fertile en miracles.

Je cherche à m'endormir quand même.

Une espèce de cri persistant, de zézaiement vigoureux et rhythmé, se fait entendre dans plusieurs endroits et se déplace; cessant parfois, il recommence à tout instant.

Et puis voilà que nos hommes qui avaient fait silence pour nous laisser endormir, se mettent à fredonner d'abord, puis à glapir des mélopées bizarres, auxquelles se mêle le rire enfantin des servantes.

Il est difficile de fermer l'œil.

Je m'échappe de ma prison de gaze et je vais à la fenêtre qui se compose d'un écran à coulisse. J'ouvre, et la lune me révèle un spectacle féerique.

L'auberge donne sur une grande place.

En face se dresse une montagne couverte de temples et de forêts. Les escaliers éblouissants mènent à des arcades sombres; les toits laqués d'or projettent sur les massifs noirs leurs angles lumineux; les chapelles, les pagodes se dressent çà et là dans les arbres, et le paysage est terminé par les contours violents des grands cèdres qui se détachent sur le ciel clair.

Le vent vient tourmenter ces vétérans sacrés et, chaque fois, la montagne tremble et gémit; c'est comme une colère sainte, comme une protestation du sanctuaire, dont le calme est troublé par la rafale inconvenante; ou plutôt comme une réponse de la montagne à l'océan, comme un grand duo de la terre et de la mer, exécuté sous le firmament étoilé et resplendissant.

Je comprends alors quel est ce mugissement, cette plainte formidable qui volait d'arbre en arbre; c'était le bruissement des vieux cèdres.

Je comprends aussi quel est le cri violent et persistant qui se déplaçait pour recommencer à nouveau. Les Japonais, comme les Athéniens, ont leurs cigales chanteuses, dont la voix sonore et infatigable retentit jour et nuit dans les buissons de camélias et d'azalées.

Rassuré par les explications que je viens de me donner, je me recouche et ne tarde pas à m'endormir.

Tout d'un coup un vacarme effroyable retentit dans la montagne.

— Qu'est cela? Grand Dieu !

— Ce n'est rien, dormez.

— Mais encore...

— Un bonze qui fait sa prière.

— A cette heure-ci?

— Il est deux heures du matin.

— On fait donc ici les prières au moyen de grosses caisses?

— Justement.

— Et cela va durer longtemps.

— Jusqu'à midi, dormez.

— Dormons !

A LA MER

L fait grand jour et j'ai beaucoup de peine à me réveiller. Le bonze tape toujours sur son gros tambour. Les coups rhythmés et incessants avaient fini par m'endormir. Il me semble même que, pour me réveiller tout à fait, le bonze devrait cesser brusquement son charivari religieux dont la continuité me berce.

On me propose un bain de mer et me voilà sur pied.

Après le bain nous visiterons le temple, qui est un des plus célèbres du Japon. Il fut fondé en mémoire d'un miracle éclatant dont le prêtre Nitiren fut le héros.

Nitiren, dont j'ai déjà parlé, fonda la secte Hokké-siou et eut à lutter beaucoup contre les bonzes des anciennes sectes.

C'était au temps où les antagonismes religieux amenaient de véritables guerres civiles entre les sectateurs d'opinions diverses ; et, quand le pouvoir ne restait pas indifférent dans les querelles religieuses, la persécution s'en mêlait souvent.

Sous le règne de Kameïama-Tenno, Nitiren, accusé de conduire le peuple dans l'erreur, fut condamné à mort.

Le jour de l'exécution venu, on le conduisit à Tatsouno-Koutchi, faubourg de Kamakoura, où il était d'usage de trancher la tête aux criminels.

Ce jour-là le ciel était obscur, sans qu'il y eût de nuages ; on voyait à peine ; tout annonçait dans la nature qu'un grand événement allait s'accomplir.

Les préparatifs terminés, le prêtre se met à genoux, joint les mains, ce qui est à la fois une attitude de prière et un moyen cabalistique de maîtriser les éléments, et, au moment où le bourreau va toucher de son sabre le cou du saint, l'arme se brise en plusieurs morceaux.

En même temps une voix se faisait entendre dans le palais de Kamakoura.

« Ne tuez pas Nitiren ; sa mort serait un malheur pour le pays ! »

Ce miracle sauva l'illustre prêtre, mais il jugea néanmoins prudent de quitter la capitale des Shiogouns et se dirigea vers le nord.

Arrivé à Katassé il voulut laver ses pieds dans la mer et suspendit sa robe de bonze à un pin du rivage. Ce pin devint par la suite un lieu de pèlerinage, et c'est sur l'emplacement où il se trouvait que les disciples du thaumaturge érigèrent le temple que j'ai entrevu pendant la nuit.

Avant de me diriger vers la plage, je crois prudent d'envoyer l'interprète visiter le temple, demander par avance tous les renseignements possibles, et m'éviter les lenteurs d'une visite pendant laquelle il faudrait arracher une à une les moindres explications.

Le bonze tape toujours sur sa grosse caisse avec un entrain désespérant.

Pendant que Wirgman et Régamey ont des discussions avec les

servantes qui veulent les faire lever, pour débarrasser le dortoir et le
transformer en salon et en salle à manger, je pars pour la mer avec B...

Après avoir traversé un bois sacré, situé sur une colline sablon-
neuse, nous redescendons sur la plage en vue de l'île d'Enoshima, reliée
au continent par une langue de sable que recouvre la haute mer.

Ce chemin naturel est, pour le moment, assez peuplé ; des hommes,
des femmes, des chevaux de bâts animent cette digue plate que les
vagues caressent des deux côtés.

Le soleil est déjà fort chaud, aussi nous nous empressons de nous
jeter à l'eau pour nous rafraîchir.

— N'allez pas trop loin ! me dit B...

— Est-ce que la plage est mauvaise ?

— Non, mais ne vous écartez pas, c'est en cherchant à gagner à la nage l'île d'Enoshima que le jeune Daru s'est noyé.

— Ah ! je n'ai pas de telles prétentions.

— Il y a des varechs là-bas, à cette place un peu sombre.

— Je n'irai pas jusque-là.

— Ne vous éloignez pas.

— Est-ce qu'il y a des courants?

— Non. Restez au bord.

Ces recommandations paternelles ne m'empêchent pas d'aller de l'avant.

J'avance sans perdre pied et je nage au rivage, ce qui n'a rien de bien dangereux.

Je m'enhardis de plus en plus; la vague qui me soulève, m'attire; je me livre au flot qui me porte et me balance...

Subitement je me sens piqué, pincé, frappé, brûlé sur tout le corps.

La frayeur me prend, je perds pied, je bois un peu et je reviens au rivage avec empressement.

Il paraît que je fais une drôle de figure; je me frotte aux endroits lésés et j'entends B... qui rit aux éclats.

— Je vous avais bien dit de ne pas vous éloigner.

— Mais qu'est-ce qui m'est arrivé?

— Vous êtes allé vous jeter dans un banc de méduses électriques, vous êtes la victime des torpilles japonaises.

— Merci bien de m'avoir prévenu.

Je pense que c'est à cause de cet inconvénient que les Japonais ne se baignent point dans la mer.

Et puis il y a aussi le danger de l'énorme pieuvre de l'océan Pacifique.

Ce poulpe gigantesque voit la proie de très-loin et frappant l'eau de

ses six bras, s'allonge comme une comète et se précipite avec rapidité
sur l'animal qui l'attire. Cette espèce de viscère vivant, d'estomac voyageur, tantôt étoile acharnée, tantôt fleur carnivore, a, sur ses membres
mous et nerveux, autant de suçoirs qu'un épi de maïs a de grains.
Chaque tentacule flasque et visqueuse s'enroule comme la trompe de
l'éléphant, et l'être saisi, bête ou homme, n'est relâché qu'à l'état de
résidu.

En retournant à l'auberge nous voyons descendre du bois sacré
deux Romains échappés de la toile de Couture; leur tête est couronnée
de fleurs, leur démarche est celle des dieux, leur longue robe claire
flotte au vent... Les antiques Romains sont tout simplement nos deux
dessinateurs qui ont gardé leur kimono japonais et se sont par surcroît
ornés de guirlandes fleuries.

O Virgile! O Tibulle!!

XXVI

LE TEMPLE DE KATASSÉ

E reviens au village. Le bonze tape toujours.

Je monte au temple, où je trouve l'interprète perdu dans ses notes.

Il m'assure qu'il possède tous les secrets du temple et qu'il va me les dévoiler.

Là-dessus il me mène dans les différentes chapelles et me dit le nom de quelques statues qui s'y trouvent.

— Très-bien ; mais quel est le rôle des dieux représentés ?

— Je ne sais pas.

— Avez-vous demandé aux prêtres ?

— Ils ne savent pas.

Et le bonze tape toujours.

Pour faire cesser l'incertitude où je me trouve, je demande à voir les prêtres.

On me mène dans le temple principal, qui contient des objets d'une grande richesse. Je remarque surtout des baldaquins ornés de figures célestes, espèce d'anges bouddhiques aux ailes étendues.

Les prêtres, à la figure de cire jaune, sont accroupis dans un coin du temple ; ils fument tous la petite pipe et prennent du thé.

Aux questions précises que je leur fais transmettre par l'interprète, ils répondent d'une manière évasive et sans nous regarder en face. Comme j'insiste, j'obtiens des renseignements complétement faux ; ce qu'il m'est facile de constater par le peu que je sais déjà.

Pendant ce temps le bonze infatigable, caché dans une chapelle voisine, frappe sans relâche sur son sempiternel tambour.

Le son est étourdissant, et l'officiant doit être devenu complétement sourd.

Il est probable que pour faire ce métier on prend des gens privés déjà de l'usage de l'ouïe, de même que les muezins arabes chargés d'annoncer la prière sont aveugles, afin de ne pas voir ce qui se passe dans les maisons de la ville.

Je prends le parti de visiter les temples tout seul et de me donner à moi-même les explications qu'on me refuse.

D'abord je gravis la montagne jusqu'en haut en passant par des terrasses nombreuses, sur lesquelles des sacristains cultivent des légumes, des fruits et des fleurs rares.

Au sommet, je jouis d'une vue splendide.

La mer s'arrondit à droite et à gauche en golfes harmonieux ; en face, la pointe de Katassé et l'île d'Enoshima, reliée à la pointe par son isthme étroit.

Tout autour de moi, des arbres séculaires s'enchevêtrent les uns dans les autres, mêlent leurs feuillages divers et croisent leurs longues branches comme des samouraïs croisent le sabre.

Sous mes pieds les toits sombres des temples ressemblent à d'immenses tortues carrées, bronzes noirs aux reflets d'or. Les terrasses

Le prêtre, assis sur ses talons, le nez en face de l'énorme caisse,
frappe avec deux bâtons.....

(Page 151).

fleuries descendent en cascades, et les escaliers blancs plongent de bosquets en bosquets jusqu'au cœur du village.

Le tambour inexorable du bonze en prière m'envoie les échos
retentissants de son rhythme sonore.

Je redescends.

Une chapelle contient les statues en bois doré des principaux disciples du Bouddha, ou plutôt de ceux qui ont contribué à propager,
à expliquer et à fixer sa doctrine; les pères de l'Église bouddhique.

On me montre dans une autre chapelle la statue de Ban-Sin, qu'on
me dit être le *Sauveur du monde*.

C'est le Sauveur du monde si l'on veut. C'en serait plutôt le gardien. Il y a trente Ban-Sins qui président ordinairement aux trente jours
du mois. Celui que je vois tient dans sa main gauche une boule rouge,
qui est le soleil, et de sa main droite levée, l'index en l'air, indique qu'il
peut percer le ciel et y faire entrer les âmes.

Je dois bien une visite au bonze qui depuis deux heures du matin
nous charme par sa mélodie de grosse caisse.

A mesure que j'approche de la chapelle musicale, les coups devien-
nent de plus en plus violents; on dirait que la montagne a des palpita-
tions de tambour et que quelque chose va éclater dans son sein.

J'entre. Le prêtre, assis sur ses talons, le nez en face de l'énorme
caisse, frappe avec deux bâtons en répétant sans cesse la formule sacra-
mentelle :

Na-mou-mioo-hoo-ren-gué-kioo.

Chaque coup souligne une syllabe, afin que les dieux invoqués
soient bien prévenus et puissent plus facilement faire la comptabilité
des versets offerts ; ce tambour est un compteur à prières.

Les bouddhiques, qui se servent beaucoup du chapelet, pensent

que chaque grain qui passe doit être marqué d'une percussion. Aucun Japonais ne fait une oraison sans faire vibrer une cloche, un grelot, un vase de bronze, un tambour ; ou tout simplement le fidèle frappe dans ses mains, s'il n'a aucun instrument à sa portée.

Les Japonais, ayant reconnu que les dieux ont parfois l'oreille un peu dure, ont sagement pensé que rien ne pouvait mieux attirer l'attention des êtres divins qu'un petit charivari préalable.

Et le bonze tape afin que nul dieu n'en ignore.

Il a autour de lui plusieurs tambours de rechange. La précaution me paraît bonne. Voyez-vous la situation d'un fidèle qui aurait crevé sa machine à prière? qui en serait réduit aux seuls élans de son cœur? Les dieux sont si distraits, et il y a tant de gens qui se mêlent de les invoquer! Ayons donc des tambours de rechange, c'est plus sûr.

Il y a, à l'entrée principale, un fort beau portail orné de huit bas-reliefs à jour, dont les vides coïncident de manière à représenter deux scènes opposées dans le même cadre, l'une du côté intérieur, l'autre du côté extérieur.

Ces bas-reliefs reproduisent des légendes chinoises.

L'une d'elles est souvent représentée dans les temples. C'est un cavalier sur un pont ; on voit au-dessous, dans les vagues d'un fleuve, un personnage monté sur un dragon et tenant un soulier à la main.

Il y a, à l'entrée principale, un fort beau portail orné de huit bas-
reliefs à jour, dont les vides coïncident de manière à représenter deux
scènes opposées dans le même cadre, l'une du côté intérieur, l'autre du
côté extérieur.

(Page 152).

Ces bas-reliefs reproduisent des légendes chinoises.

(Page 152).

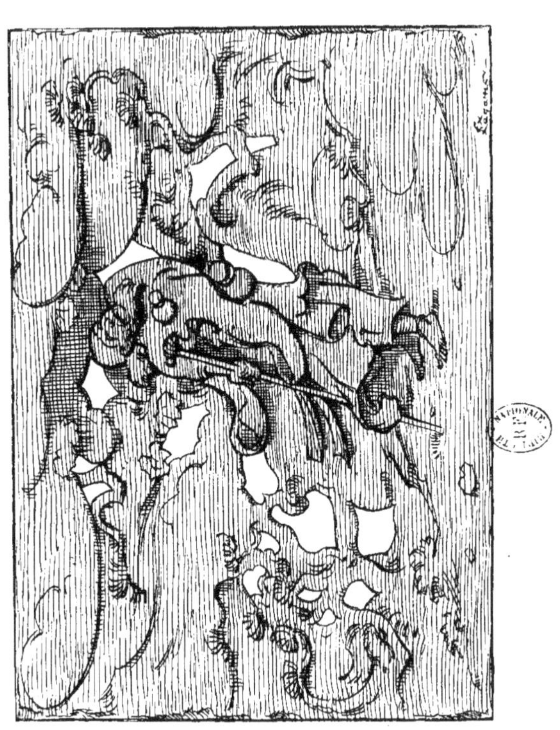

Or ceci est une lutte entre savants.

Les Chinois ont toujours cru que l'instruction donnait des pouvoirs surnaturels. Pour eux, tout savant est sorcier.

On sait d'autre part que les savants ne sont pas tendres pour leurs confrères, surtout quand leurs confrères sont des disciples qui les éclipsent.

Si bien qu'un jour un homme très-érudit, passant sur un pont avec son élève, laisse

tomber sa chaussure dans le fleuve bouillonnant, et met son compagnon au défi d'aller retirer le soulier du gouffre.

L'élève était très-habile, il savait les moyens d'attirer les dragons qui vivent dans les fleuves.

Aussi il n'hésite pas, il se précipite, et, secondé par un dragon

apprivoisé, il ramène la chaussure du maître.

Ce miracle scientifique a laissé de vifs souvenirs chez les Chinois.

Les Japonais ont souvent reproduit la scène merveilleuse.

Une autre scène de cavalier fait pendant à ce bas-relief. On y voit un voyageur qui donne son manteau à un assassin qui l'attendait en embuscade. C'est plus fort que saint Martin ! L'assassin perce le manteau pour faire croire à son maître qu'il a pu faire son mauvais coup.

Les autres sculptures représentent des *sen-nim*, sorte de saints bouddhiques, qui vivaient solitaires. Pour atteindre ce degré de perfection, il y avait des moyens variés. Un sage y arriva en mangeant beaucoup de courge ; un autre en avalant une pêche qu'il avait volée ; deux philosophes devinrent saints rien qu'en mangeant des champignons ; et trois autres furent béatifiés pour avoir pris médecine.

Je remarque le saint des mendiants, qui dansait de joie en enfilant les sapèques qu'on lui donnait. Son crapaud à trois pattes, qui ne le quitte jamais, exécute aussi un pas des plus distingués, et met la main sur son cœur pour témoigner sa reconnaissance.

Tiens ! le bonze ne tape plus.

La prière est finie, il est midi.

Allons déjeuner !

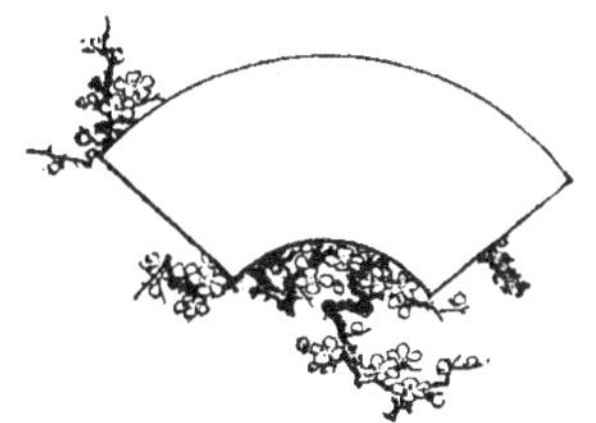

... Pendant que Regamey et Wirgman prennent des croquis, à la grande joie des habitants qui semblent tous être de vrais connaisseurs.

Parmi les hommes de peine qui s'arrêtent pour donner leur avis, il y en a qui sont tout nus et qui ont le dos et la poitrine ornés de tatouages artistiques.

(Page 161).

XXVII

L'ILE SACRÉE

PRÈS le repas, nous partons pour Enoshima.

Une porte sacrée est à l'entrée de l'île, et une rue bordée d'auberges se présente toute droite et fort en pente.

Les maisons sont grandes ouvertes. Les servantes accortes vous engagent à entrer. Aux étages supérieurs sont des galeries pittoresques où d'autres servantes vous interpellent en riant. A droite et à gauche de la rue pendent, devant les hôtelleries, des quantités de planchettes peintes et de drapeaux flottants, les uns et les autres couverts de caractères dont quelques-uns sont européens. Ce sont les noms des provinces ou des corporations du Japon; chaque auberge montre par là les gens qu'elle aime à recevoir.

Je m'installe dans une de ces maisons de thé, pendant que Régamey et Wirgman prennent des croquis, à la grande joie des habitants, qui semblent tous être de vrais connaisseurs.

Parmi les hommes de peine qui s'arrêtent pour donner leur avis, il y en a qui sont tout nus et qui ont le dos et la poitrine ornés de tatouages artistiques.

Je vois monter par la rue en pente de nombreux pèlerins, jambes nues, vêtement bleu sombre et, sur le dos, la natte caractéristique du voyageur. Chapeau immense et grand bâton complètent l'attirail.

Enoshima est un immense bloc de rocher couvert de forêts sacrées. Le sol est montagneux, tourmenté, plein de crevasses, de vallons sombres, de crêtes aiguës et de petits plateaux qui donnent asile à des temples. Le long des chemins sont des chapelles, des tori-i, des candélabres en pierre; et puis des pavillons d'où l'on voit la mer et où l'on prend le thé. On trouve des boutiques où sont entassés chapelets, scapulaires, images saintes, livres religieux; on vend aussi des coquillages et des coraux fort curieux ramassés dans les environs.

Des femmes fort adroites et très-artistes composent avec ces coquillages de véritables tableaux; elles imitent aussi des feuillages, des fleurs, et confectionnent de charmants oiseaux multicolores.

Nous faisons une première

Des femmes fort adroites et très-artistes composent avec ces coquillages de véritables tableaux; elles imitent aussi des feuillages, des
fleurs, et confectionnent de charmants oiseaux multicolores.

(Page 162).

halte dans un endroit pittoresque, d'où l'on voit Katassé et les côtes tourmentées du grand Nippon.

Une femme, dont la figure rappelle les vierges des peintres primitifs italiens, nous offre du thé et des prunes salées qu'il nous faut prendre avec les petits bâtons.

C'est le cas de s'exercer, et nous voyons avec joie que ce n'est pas plus difficile que de tenir une plume à écrire.

Comme on est bien dans ces lieux de repos !

Comme les Japonais sont amoureux de la nature ! Comme ils savent bien profiter de ses beautés ! Comme ils savent s'organiser une vie commode, tranquille, heureuse, sans grands besoins, sans luttes, pleine de douces impressions et de sage bien-être ; ils laissent sa place à la

pensée et son rôle à la matière, aiment l'art et le beau, apprécient l'étude et le travail. On ne croirait jamais que ce peuple si doux, si calme, si dilettante, si satisfait, ait été de tout temps bouleversé par des guerres civiles et remué par les scènes les plus tragiques.

Nous arrivons à un temple shinto. Défense d'entrer naturellement. Ces sanctuaires sont souvent fermés aux prêtres eux-mêmes; on n'y trouve aucune représentation religieuse et il n'y a ni dorure, ni peinture. Le bois simple et sans ornement n'est relevé que par des draperies aux armes du Mikado, des chrysanthèmes violets sur fond blanc, et quelquefois l'inverse, blancs sur fond violet.

Les pèlerins se mettent à distance en face du temple, frappent dans leurs mains pour attirer l'attention du dieu et murmurent une courte prière en se frottant doucement les mains jointes et en tenant la tête inclinée avec respect.

Nous franchissons une énorme crevasse de rocher qui va jusqu'à la mer, et nous trouvons, au milieu des bosquets bien taillés, une chapelle dédiée à Benten, vierge japonaise sortie de la mer, mais que les shintoïstes repoussent, pendant que les bouddhistes lui font jouer un rôle considérable.

Ainsi Kooboo-Daïshi, le saint Paul du bouddhisme au Japon, et qui vivait au VIIIe siècle, eut des relations avec Benten à Enoshima même, dans une grotte que nous allons visiter et qui est située au bord de l'Océan.

Le prêtre, frappé de la beauté de la grotte, offrait des actions de grâce à Benten, car il avait pour cette déesse un culte particulier; lorsqu'il vit devant lui Benten elle-même, qui lui apparaissait et lui révélait sa forme divine et immaculée.

C'est après ce prodige qu'il fonda la chapelle que nous avons sous les yeux.

Du reste, sur ce sol sacré, chaque endroit conserve le souvenir d'un miracle et nous marchons sur les traces des dieux.

Nous nous arrêtons sous de grands arbres qui ont abrité les saints les plus renommés du bouddhisme et les héros les plus brillants du shintoïsme.

Dès qu'on voit que nous nous reposons, on nous apporte du thé. A chaque pas de notre excursion montagneuse, rendue assez fatigante

par la grande chaleur, nous trouvons à nous réconforter par ces petites libations qui, prises à faible dose, tonifient et rendent la vigueur. Les pèlerins japonais, qui connaissent les avantages du système, ne manquent aucune occasion d'ingurgiter les quelques gouttes d'eau parfumée qu'on leur offre à chaque halte.

Nous trouvons même là des lunettes d'approche.

Je suis fort intrigué par une voile immense que j'aperçois en pleine mer, et qui paraît immobile malgré les flots qui la couvrent d'écume.

La lunette me révèle que c'est un rocher bizarre en forme de dent ou de bonnet shinto, et la femme qui montre la lunette m'apprend que cet écueil s'appelle *Ebooshi*, ce qui veut dire : chapeau.

Nous dominons un rocher à pic qui descend droit sur la mer. La marée basse a laissé à découvert une plage de roche perforée de vastes puits naturels, au fond desquels des gamins vont chercher les sous que leur jettent les pèlerins.

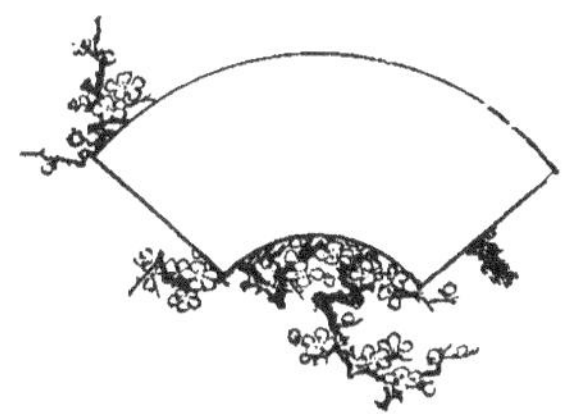

Un chemin escarpé et taillé dans le roc nous permet de descendre
sur la plate-forme où les gamins se livrent à leurs exercices de natation.

(Page 171).

XXVIII

HISTOIRE VÉRIDIQUE D'UN DRAGON

N chemin escarpé et taillé dans le roc nous permet de descendre sur la plate-forme où les gamins se livrent à leurs exercices de natation. Mais, à notre approche, ils se sauvent. La vue de quelques pièces de monnaie les ramène à nous et ils se décident à plonger. L'eau est très-limpide ; on voit les pieds s'agiter pendant que la tête cherche à gagner le fond. ·

C'est la première fois que je vois des enfants japonais avoir peur des étrangers ; il est vrai que ce sont des fils de pêcheurs un peu sauvages.

En contournant l'île, nous arrivons à une large fissure dans laquelle on ne peut pénétrer qu'à marée basse. Au fond de l'anfractuosité se présente une vaste grotte étroite et élevée comme la célèbre grotte du Pausilippe, à Naples.

Nous entrons dans cet énorme trou sombre et tout au fond nous apparaissent des reflets lumineux. C'est le petit sanctuaire doré qu'éclairent les bougies votives.

Ce monument, ainsi présenté dans le vide noir, semble modelé

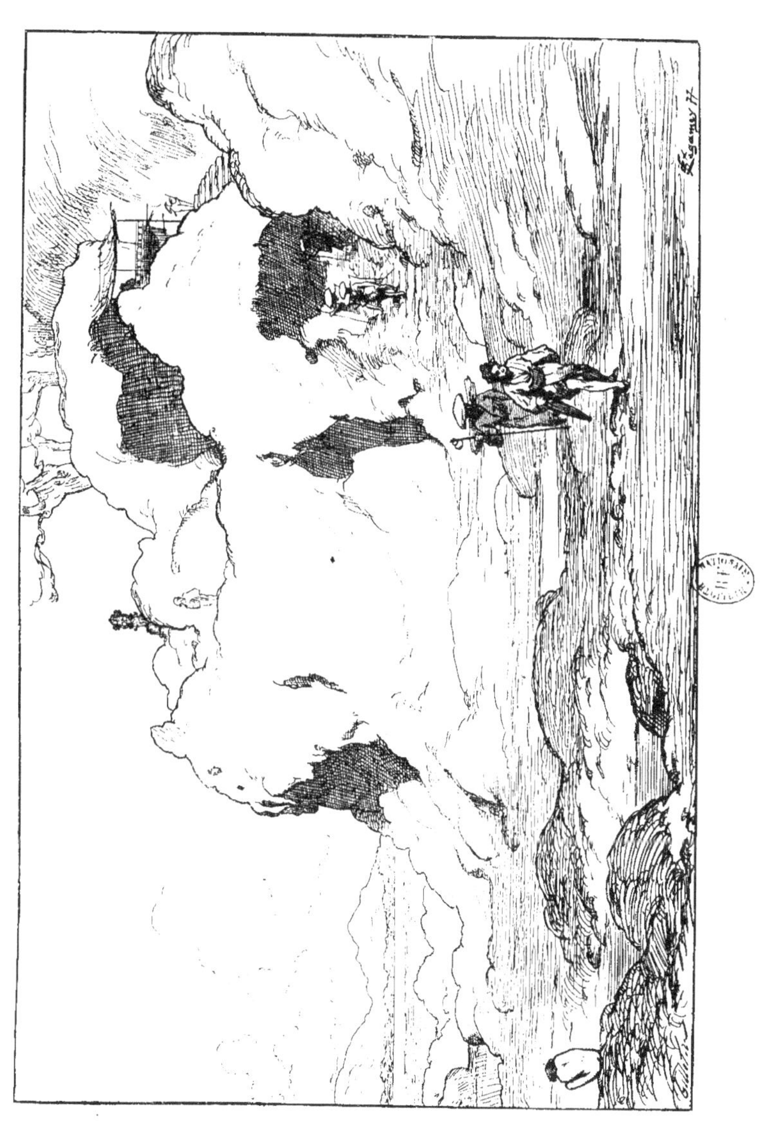

dans le feu, c'est comme un temple de lumière, construit d'éclats et de
phosphorescences.

Il est consacré à la déesse
shinto Toyori-Himé, une des
deux déesses qui ont inventé
les vêtements. Les Japonais
s'en passent si facilement, que
je ne comprends pas le succès
que cet être divin peut avoir
auprès d'eux.

Mais on me dit que la
déesse guérit aussi des ma-
ladies, et cela m'explique
l'affluence des pèlerins qui
donnent de l'argent aux sacristains, lesquels font brûler
beaucoup de cierges.

Aussi ce lieu sacré sent la
chandelle.

Les sacristains sont shin-
toïstes, et par conséquent vêtus en laïques, à l'inverse des bonzes qui
se rasent la tête et portent des robes de formes et de couleurs particulières.

Ils sont jeunes et paraissent intelligents; ils écrivent beaucoup.
Les pèlerins accrochent à la table, sur laquelle les desservants sont
accroupis, les sandales de paille qui ont servi à faire le voyage. J'ai
déjà remarqué plusieurs endroits à Enoshima où l'on voyait des rangées
de sandales offertes en ex-voto.

Une cuve de pierre sert de bénitier; chaque fidèle s'arrose le bout

des doigts avant de faire sa prière. A droite et à gauche on a planté
comme ornement deux bambous creux qui forment des vases de fleurs
dans lesquels on a mis deux grands rameaux verts.

Au fond de la grotte il y a des galeries étroites et basses que nous
parcourons, des bougies à la main ; au bout de chaque galerie on a
placé, derrière des grilles de fer, des miroirs d'argent resplendissant.
Le miroir est un symbolisme shinto, emblème de pureté. Cette grotte
ainsi que les galeries sont d'anciennes mines d'argent. Lorsque Kooboo-
Daïshi, au VIIIe siècle, y eut l'apparition de Benten, la mine était déjà
abandonnée.

C'est donc par suite d'une double erreur que l'interprète me
déclare que la grotte a été creusée au XIVe siècle par Kooboo-Daïshi.

Nous revenons à Katassé en traversant de nouveau l'île dans toute
sa largeur, mais passant par un autre chemin fort boisé, où se trouve

un temple dédié à Shiti-men-daï-mio-zin, autrement dit : *le grand dieu éclairé aux sept visages.*

La consécration de ce temple a été faite par Nitiren, et c'est une de ces histoires miraculeuses et surnaturelles dont fourmillent les légendes bouddhiques.

En ce temps-là Nitiren vivait dans un village appelé Ivassa, de la province Kay, retiré dans une montagne du nom de Minobou; il y faisait tous les jours la lecture du livre sacré Hokkekioo, et expliquait les lois merveilleuses de l'univers infini.

De tous côtés on se pressait pour venir l'écouter, et un grand concours de peuple assistait à ses sermons.

Parmi les auditeurs les plus assidus figurait une jeune villageoise, qui à la plus rare beauté joignait les manières les plus distinguées.

On fut étonné de voir au milieu de campagnards une jeune fille si bien élevée et si belle; aussi les commentaires allaient leur train et les suppositions les plus fantaisistes se faisaient jour.

Nitiren, qui connaissait et les choses du monde naturel et les mystères du monde surnaturel, n'eut pas de peine à deviner que son disciple féminin était un génie incarné.

Il comprit le danger qu'il courait lui-même, car ces *hengués* possèdent des charmes particuliers pour troubler l'âme des humains, et Nitiren, la prudence et la chasteté mêmes, se sentait ébranlé en présence de la belle personne.

Un jour il lui adressa la parole subitement, après avoir prononcé les mots et fait les gestes qui paralysent les pouvoirs des *hengués.*

— Tu n'es pas une femme, s'écria-t-il, je t'ordonne de montrer ta véritable nature et de faire cesser les incertitudes de la foule.

La jeune fille alors demanda une simple goutte d'eau.

A côté de Nitiren était un vase à fleur.

Le prêtre, retirant la fleur, jeta l'eau du vase à la figure de cet être étrange.

Aussitôt les montagnes se couvrent de nuages ; le tonnerre gronde, l'orage éclate, et la jeune fille, reprenant sa forme véritable, devient un dragon à sept têtes.

Le dragon s'élance sur un rocher, et s'adressant au peuple assemblé :

— Je demeure depuis longtemps dans cette montagne, dit-il ; grâce aux lois naturelles de l'univers, j'ai pu entendre le Hokkekioo ; je jure de le protéger éternellement.

Et il disparaît.

Mahomet raconte que les génies et les anges ayant entendu, par hasard, lire le Coran, s'écrièrent : « Voilà une lecture admirable ! »

On voit que les dragons japonais ne sont pas moins sensibles à la lecture des bons livres.

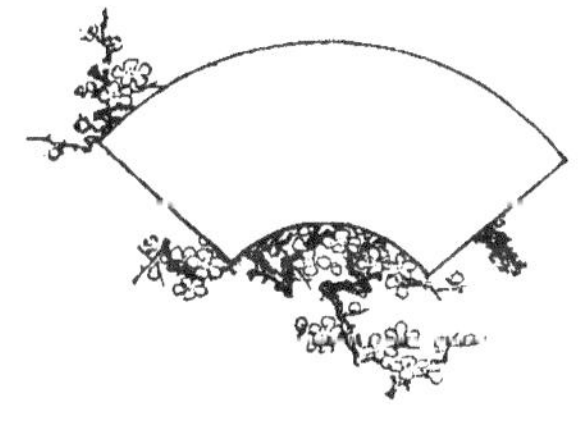

XXIX

LE TOOKAIDOO

L est déjà tard et il faut songer à rentrer ce soir même à Yokohama.

Les djinrikis piaffent à la porte de l'auberge. — A peine sommes-nous montés dans les voitures qu'ils partent comme le vent.

Nous reprenons notre course à travers ce pays enchanteur, plein de bosquets, de jardins fleuris, de bois sacrés et de vallons frais.

La route est assez animée et nous pouvons faire des études sur le personnel des chemins japonais.

Les femmes, les enfants voyagent beaucoup. Les maisons japonaises qui n'ont presque pas de mobilier, peuvent s'abandonner facilement et, à tout propos, des familles entières partent en pèlerinage, afin de voir du pays, de s'instruire et de se distraire.

Il y a très-longtemps que le Japon a des guides illustrés pour les voyageurs. Sous ce rapport nous n'avons rien à lui apprendre; il y a les guides sérieux, les guides humoristiques et même les guides inconvenants, avec gravures à l'appui.

Nous arrivons rapidement au Tookaïdoo, la grande route du Japon,

23

créée de temps immémorial et terminée sous le règne de Kamou-Tenno
(802 ans après Jésus-Christ). Ce chemin va de Yédo à Kioto. Dans les
endroits montagneux il est, comme les voies romaines, pavé de larges
blocs irréguliers.

Les *matsous* (pins) qu'on avait plantés à droite et à gauche de cette

route sont deve-
nus superbes et,
là où le vent et
la foudre ne les
ont pas renver-
sés, ils donnent
au paysage un
aspect de gran-
deur tout particu-
lier.

Nous sommes
à Fouzi-sava,
bourg important,
où il y a un
superbe temple
bouddhique, que
nous visitons à la
hâte, car nous sommes pressés.

Nous aurons d'ailleurs occasion de revenir ici en allant à Kioto.

Dans la grande cour du temple je suis frappé de trois choses : la
beauté des arbres, la forme bizarre d'un campanile et l'odeur péné-
trante et suave qui se répand partout.

Cette odeur est donnée par la fleur en grappe jaune d'un arbre
chinois (*moquesei*) aux feuilles vert sombre. On dit que cette fleur

parfume le thé qu'on envoie en Europe ; car il est à remarquer que le thé dont se servent les Japonais a très-peu d'odeur.

Des statues sont placées çà et là, les unes en pierre, les autres en bronze.

La plupart sont recouvertes de petites pierres que les fidèles jettent dessus ; si la pierre reste en place, c'est un indice que la prière est acceptée ; si la pierre tombe, c'est d'un très-mauvais présage.

L'interprète me dit :

— Ce sont des bouddhas, ils guérissent des maux de dents.

Cette explication me paraissant insuffisante, j'entre dans le temple, où je trouve un sacristain en train de faire sa caisse et de compter la recette de la journée. Cette opération paraît l'avoir mis de bonne humeur et il semble très-disposé à me donner des renseignements.

Il m'apprend que le dieu, représenté à l'infini dans la cour du temple, est Ji-zo, personnage qui dans sa vie a pratiqué la charité et qui, maintenant, exerce un rôle funéraire en faveur des petits enfants.

L'une de ces statues de bronze est fort belle, le saint homme est assis sur une énorme fleur de lotus, le pied gauche pendant ; d'une main il tient un petit enfant et de l'autre un sistre à anneaux. Il a la tête entièrement rasée et porte le costume des prêtres.

Quelquefois il y a ensemble six statues du même personnage, dans des attitudes diverses. Il ne faudrait pas croire qu'il y a là six dieux différents.

Non-seulement ces représentations sacrées sont couvertes des pierres que leur jettent les adorateurs, mais un grand nombre ont des colle-rettes et des bonnets d'étoffe que la pluie a défraîchis.

Autour du principal sanctuaire il y a une frise de bas-reliefs à jour dans le style chinois et qui représentent, comme à Katassé, des miracles dus aux sortiléges.

Je remarque l'homme au crapaud à trois pattes, un autre marchant sur la mer au moyen d'un sabre qui lui sert de bateau ; un troisième préfère monter sur un tigre pour naviguer, tandis qu'un quatrième chevauche sur un poisson. Et puis des représentations angéliques de femmes ailées jouant de différents instruments, le concert du ciel bouddhique. Enfin, des luttes et des combats contre des serpents bruns, des dragons verts et autres démons.

Il paraît que c'est aujourd'hui la fête du pays ; on dresse des mâts pour y suspendre des drapeaux, et le devant des maisons se garnit de grosses lanternes.

Les jeunes filles sont dans tous leurs atours, excepté quelques retardataires, travailleuses acharnées, qui vannent le riz sur le bord du chemin. Elles ont eu soin d'entourer leur tête du *tenogoui* arrangé en mitre, afin de préserver contre la poussière la coiffure de fête préparée dès le matin.

Mais ne nous attardons pas ; le soleil baisse. Vite, en voiture !

Nous partons grand train.

Les paysages grandioses défilent à droite et à gauche, comme si nous étions en chemin de fer. Les grands arbres se tordent aux bords de la route dans des attitudes étranges.

Parfois, si le chemin monte, nous allons à pied. Mais dès que nous sommes à la descente nos hommes repartent avec une vitesse vertigineuse.

C'est ainsi que nous arrivons à Totska, qui est une longue rue de trois kilomètres.

Tous les habitants ont un air endimanché; les jeunes filles, fort jolies, ont leurs plus beaux costumes.

C'est aussi la fête du pays. Les grosses lanternes rondes festonnent le toit des maisons et forment jusque dans le lointain une guirlande sans fin de perles monstrueuses.

Nous voudrions bien nous arrêter pour jouir de la fête pendant la nuit; mais le temps nous presse et nous passons comme le vent au milieu des rues animées, à travers les groupes étonnés qui nous regardent en souriant.

Il arrive pourtant un moment où nos hommes s'arrêtent pour respirer et avaler quelques tasses de riz.

Dans ce relais je trouve d'autres djinrikis d'un type superbe et dont le corps nu laisse voir des tatouages fort curieux.

On me dit que le gouvernement interdit maintenant ce genre d'ornement.

Je vous demande un peu ce que cela peut lui faire?

Mais quand on est en train de réglementer, le difficile est de s'arrêter à temps et au point convenable.

La nuit arrive, il faut reprendre notre course échevelée.

Nous traversons une partie du Tookaïdoo dont on a abaissé le niveau pour diminuer les pentes. Les grands arbres séculaires sont restés suspendus en haut de la tranchée et se penchent sur l'abîme, avec des gestes effrayants, comme s'ils voulaient protester contre cette civilisation d'ingénieurs qui envahit le Japon.

A peine avons-nous le temps d'admirer ces silhouettes pittoresques qui se détachent en noir sur le ciel bleu et étoilé. Nos hommes sont pressés de rentrer et paraissent vouloir briser leurs voitures et leurs jarrets plutôt que d'arriver en retard.

Pour couper au plus court, nous prenons des chemins de traverse épouvantables dont la nuit cache les fondrières.

Mais cela n'ôte rien à l'ardeur infernale de nos djinrikis; ils vont toujours à grande vitesse, sans s'inquiéter des cahots qui nous font bondir et nous cassent les membres.

Enfin, les lumières de Yokohama, que nous voyons à travers les arbres, se rapprochent et nous donnent l'espoir que ce supplice du djinriki pressé va finir.

Effectivement, la route s'améliore et les hommes en profitent pour aller encore plus vite.

Rien ne les arrête que la porte de l'hôtel, où ils échouent haletants et toujours gracieux.

Itinéraire.

YOKOHAMA
Nigisi
Totska
Mississipi Bay
Fujisawa
Machia
Katase
Kanasawa
Daibouths
Kamakura
Inoshima

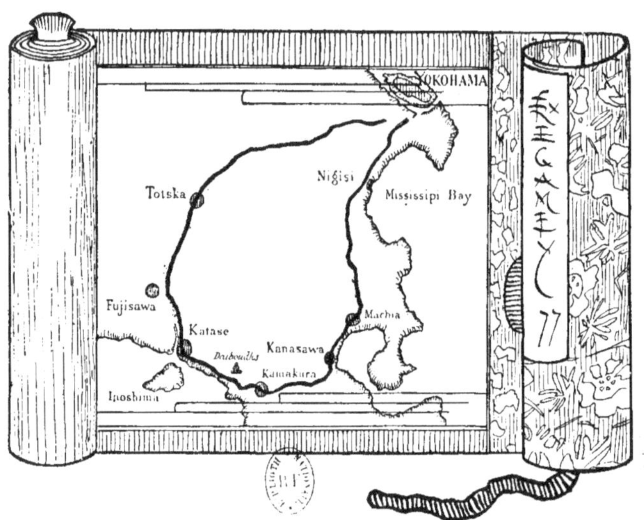

ITINÉRAIRE

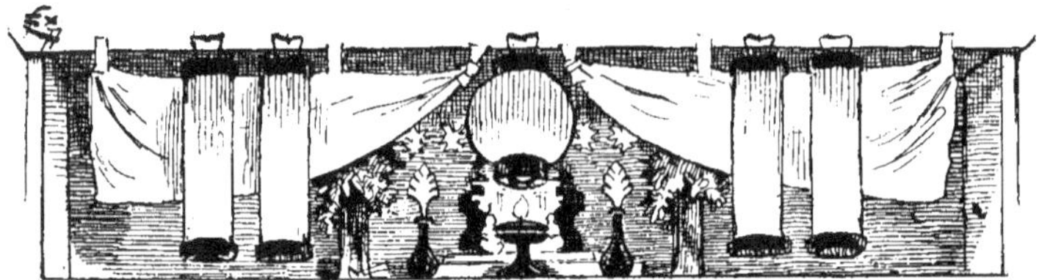

XXX

AU THÉATRE

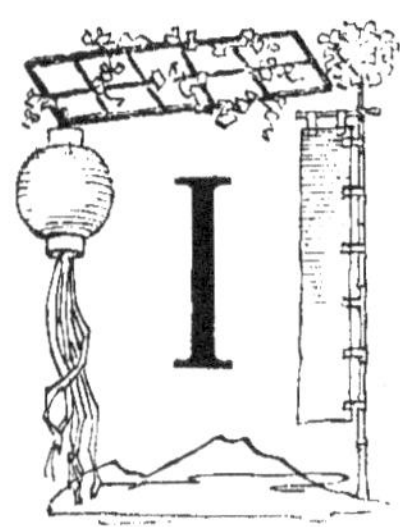

L n'y a pas de théâtre à Yokohama?

— Mais si, certainement.

— Qu'est-ce qu'on y joue?

— Rien du tout. Il n'y a pas de troupe dans ce moment.

— Et quand il y a des acteurs, quel genre de pièces représente-t-on?

— La dernière fois on a joué *la Belle Hélène.*

— Ah! par exemple, ceci est trop fort! Les Japonais se lancent dans l'opérette ; les Japonais eux-mêmes chantent la musique du maestro Offenbach !

— Où prenez-vous que les Japonais chantent *la Belle Hélène?* Ils n'ont rien à voir dans cette affaire. Je vous parle de troupes françaises.

— Ah, pardon ! Comme je ne suis pas venu au Japon pour entendre chanter de l'Offenbach, je vous parlais, moi, de troupes japonaises.

— C'est bien différent.

— Eh bien, y a-t-il à Yokohama un théâtre japonais?

— Je ne pourrais vous renseigner, car je ne m'occupe pas de ces machines-là.

Voilà, généralement, la nature des renseignements que j'obtiens auprès des résidents pour tout ce qui concerne les choses du Japon.

Pourtant je finis par savoir qu'il y a dans la ville le théâtre de Mina-Toza, où nous pourrons voir des pièces japonaises.

Et, le soir même, malgré une pluie battante, je me fourre dans un djinrikecha fermé et, accompagné de Régamey, je vole à la représentation.

L'entrée est grillée de grosses barres de bois qui forment des cages dans lesquelles sont installés les caissiers, les contrôleurs, les placeurs et même le bureau des cannes; pardon, je veux dire le vestiaire, où l'on dépose ses chaussures.

Une salle de spectacle à Yokohama, pendant une representation.

(Pages 189 et suivantes).

Par le temps affreux qu'il fait, les *guétas* sont de rigueur, et le
vestiaire est encombré de petits tabourets de tous formats, soigneuse-

ment numérotés, que les auditeurs remettront à leurs pieds
pour s'en retourner.

Des faisceaux d'immenses
parapluies en papier jaune gar-
nissent les angles et forment de
petits ruisseaux sur le plancher.

La salle se compose d'un vaste parterre et d'un rang de première
galerie où sont des loges.

Ce n'est ni un parterre assis, ni un parterre debout, mais c'est un parterre accroupi. Les spectateurs s'assoient sur leurs talons et restent dans cette position, familière aux Japonais, pendant tout le temps de la représentation, qui dure souvent la journée entière et une partie de la nuit.

Des séparations carrées, de trente centimètres de haut, divisent le parterre en compartiments, figurant des espèces de loges découvertes.

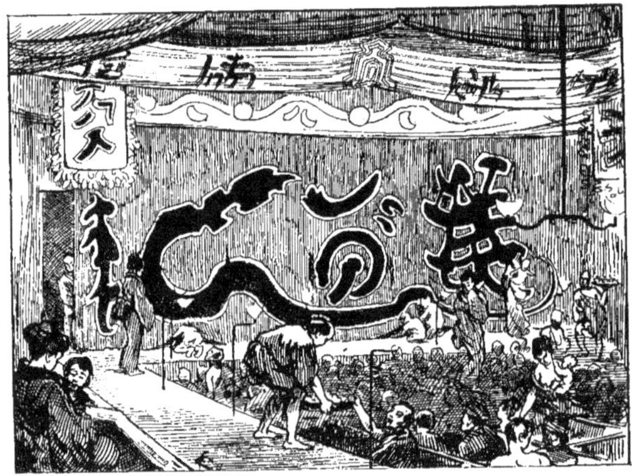

Ces séparations sont assez larges pour qu'on puisse marcher facilement dessus ; elles forment des sentiers que l'on suit pour gagner sa place ou pour se retirer. C'est aussi sur ces chemins surélevés que, pendant les entr'actes, les marchands de programmes, les marchands de gâteaux ou de thé passent au milieu des spectateurs, qui généralement, étant venus là pour s'amuser complétement, consomment tout le temps.

Dans chaque compartiment il y a un petit *brazero*, non pas comme moyen de chauffage — il fait certes assez chaud — mais pour que

hommes, femmes, enfants puissent fumer de temps à autre la petite
pipe dont on vide les cendres dans un tube de bambou, au moyen d'un
coup sec et violent, dont le bruit incessamment répété est la première
chose que je remarque en entrant.

Outre les séparations praticables dont j'ai parlé, il y a deux chemins
plus larges, à droite et à gauche, et qui, placés à la hauteur de la scène,

permettent aux acteurs de faire
leur entrée autrement que par le
fond du théâtre, et donnent parfois l'occasion de représenter des
scènes différentes et simultanées.
Un de ces chemins est assez large
pour que des voitures, des ba-
teaux à roulettes, puissent y cir-
culer. Mais c'est toujours sur le
théâtre que l'action se passe ; on ne représente dans la salle que les
scènes d'introduction et de sortie.

Nous nous installons dans une loge de galerie, assez près d'une loge
d'avant-scène où siège un policeman tout seul, chargé sans doute de
maintenir l'ordre, que personne, du reste, ne songe à troubler.

Le public est très-nombreux et fort animé. Il y a beaucoup de
femmes et des enfants de tout âge. On voit que l'on est venu là en famille.
C'est toujours, à mon avis, une bonne note pour la moralité d'un pays
lorsque la famille entière est admise aux divertissements.

La salle est éclairée au gaz et, malgré la pluie qui a rafraîchi l'air, la chaleur est intense. Aussi les spectateurs se sont mis à leur aise en se dépouillant le plus possible de leurs vêtements, que quelques jeunes gens ont supprimés tout à fait.

Je me figure que cette assemblée élégante, lettrée et à demi nue, doit donner une idée du public athénien assistant aux représentations du théâtre de Bacchus.

Mais voilà bien une autre réminiscence de l'antiquité.

L'acte commence.

Dans une loge grillée de l'avant-scène un homme joue de la guitare (*sammissen*) et parle d'un ton larmoyant et cadencé. Il raconte au public la situation, et de temps en temps décrit les sentiments des acteurs, pendant que ceux-ci expriment par leurs gestes et leurs physionomies les mouvements de leur âme.

Or cet homme qui sert ainsi d'intermédiaire poétique entre l'acteur et le spectateur, qui s'adresse parfois aux héros de la pièce pour leur donner du courage ou de la prudence, qui conseille les uns, invective les autres, qui annonce, explique et conclut, qui pleure, s'indigne, s'émotionne, palpite avec le drame... cet homme est le chœur antique dans toute sa pureté.

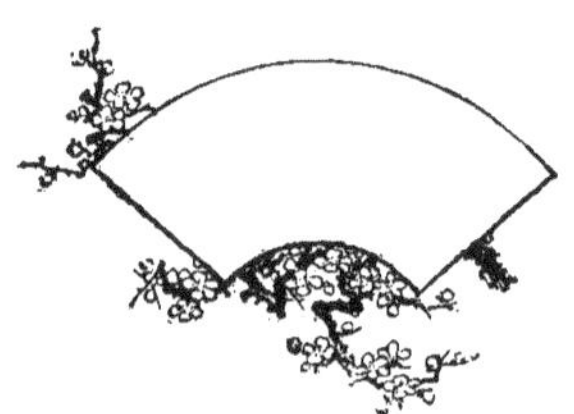

Au-dessous du chœur se tient un régisseur de la scène, armé de deux rectangles de bois massif avec lesquels il fait des roulements sur une petite tablette excessivement sonore.....

(Page 197).

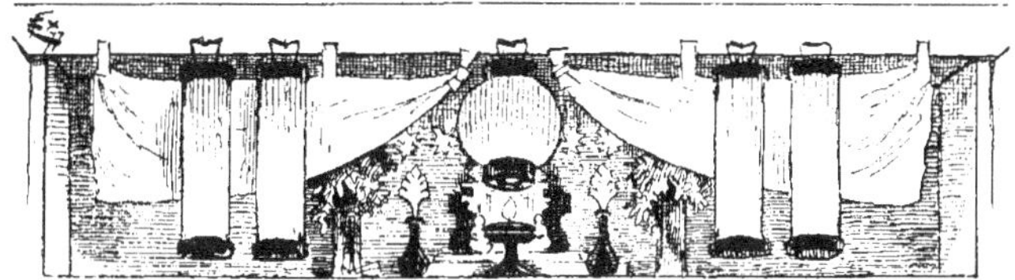

XXXI

LES COULISSES

u dessous du chœur se tient un régisseur de la scène, armé de deux rectangles de bois massif avec lesquels il fait des roulements sur une petite tablette excessivement sonore. C'est dans les moments pathétiques qu'il frappe à tour de bras et souligne les paroles de l'acteur par un étourdissant trémolo. Il est également chargé d'annoncer, à coups redoublés, l'entrée des acteurs principaux. C'est, à la fois, un appel à l'attention du public, une réplique pour l'artiste et une réclame pour les chefs d'emploi. De l'autre côté de la scène, dans les coulisses, se tient l'orchestre et un souffleur chargé des *cantonades*.

Les comédiens parlent en faisant beaucoup chanter la voix, qui monte et descend sur chaque phrase. Mais cela n'a rien de la mélopée criarde et conventionnelle des acteurs chinois. Les Japonais sont vraiment acteurs, et à part certaines habitudes théâtrales, comme celle

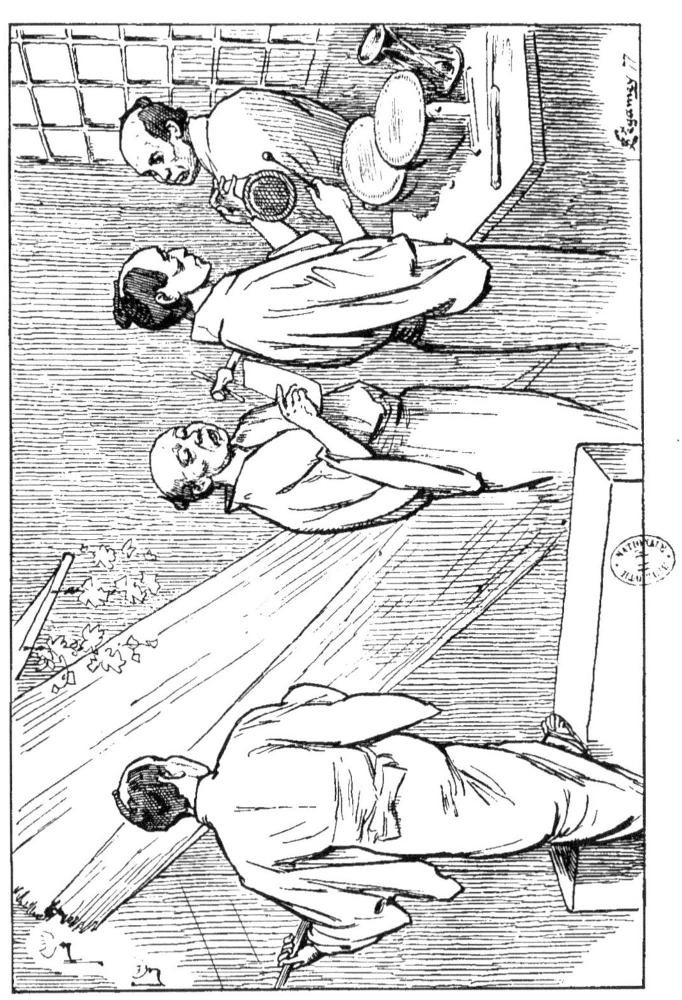

d'exagérer les grimaces aux endroits dramatiques, ils jouent avec
beaucoup de naturel et non sans talent.

Les rôles de femmes sont remplis par des hommes.

On me dit qu'il y a des troupes composées exclusivement de femmes
et dans lesquelles les rôles d'hommes sont joués par des travestis.

Il y a aussi des troupes d'enfants.

La pièce que nous voyons représente les aventures de la belle
Siguenoï.

Tout l'intérêt est concentré sur un jeune enfant qui, tantôt comique,
tantôt pleurard, paraît avoir toutes les sympathies du public.

Indépendamment des acteurs, il y a sur la scène d'autres personnages vêtus de brun et que l'on est censé ne jamais voir. Les uns vont
et viennent pour donner les accessoires ou faire fonctionner les becs de
gaz. Les autres portent au bout d'un bâton une bougie qu'ils tiennent

Les rôles de femmes sont remplis par des hommes.....

(Page 198).

Pendant un entr'acte, nous allons dans les coulisses où règne une grande animation. En effet, on prépare la plaque tournante.....

(Page 201).

constamment devant la figure des acteurs principaux, pour mettre en lumière les jeux de physionomie. D'autres enfin se tiennent derrière les personnages pour glisser sous leurs vêtements un tabouret, quand ils veulent s'asseoir, leur passer un mouchoir, une tasse de thé, ou les rafraîchir à grands coups d'éventail.

C'est justement dans les scènes émotionnantes que ces espèces de gnomes dramatiques interviennent, s'agitent, secondent les acteurs, comme pour les soulager dans la douleur et l'émotion qu'ils simulent.

Pendant un entr'acte nous allons dans les coulisses, où règne une grande animation.

En effet, on nous prépare la plaque tournante.

Lorsqu'une pièce nécessite de nombreux et

de rapides changements de décorations, on dispose deux décors accolés dos à dos.

Le plancher de la scène peut tourner sur lui-même et, au changement, un groupe d'acteurs s'en va par la rotation tandis qu'un autre apparaît dans un appartement tout différent.

Cela permet même de représenter deux scènes simultanées, en

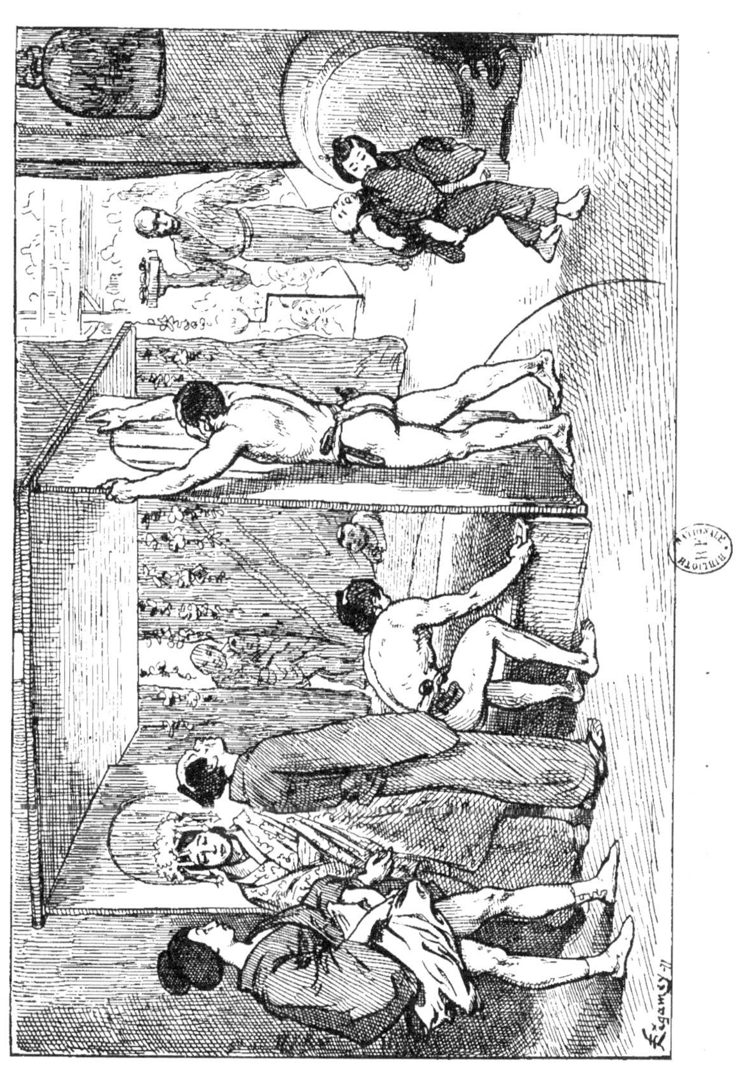

faisant voir au public tantôt ce qui se passe d'un côté, tantôt ce qui se passe de l'autre.

Les machinistes se sont mis à leur aise et n'ont gardé que leur koshi-maki blanc et la blague à tabac qui ne les quitte jamais.

La jeune maîtresse de la belle Siguenoï paraît étouffer sous sa lourde robe de mariée.

Quant à l'héroïne, elle n'y met pas tant de façons et, relevant jusqu'à la ceinture ses robes de grande dame, elle rafraîchit ses jambes masculines.

Les enfants des spectateurs ont envahi les coulisses, soit en passant à côté de la toile, soit en passant dessous.

Les acteurs paraissent trouver tout naturel de voir leur scène transformée en école pendant la récréation.

Dans un coin, les musiciens accordent gravement, et avec un grand sérieux, des instruments qui n'arriveront jamais à être dans le même ton. C'est en vain qu'on essaie de mettre à l'unisson les timbales avec le gong et le tambour avec la guitare ; car, en supposant qu'on y arrive, les instrumentistes auront toujours soin, par amour de la recherche et de l'étrange, de fausser la note le plus possible, ce qui est ici le suprême de l'art musical.

Je remarque combien les types des acteurs sont beaux, délicats et distingués : soit par leurs traits naturels, soit par les lignes qu'ils ajoutent en se grimant, ils reproduisent avec exactitude les nobles figures des peintures historiques.

Le régisseur de la scène se met à frapper l'un contre l'autre, à coups pressés, ses deux rectangles de bois ; l'entr'acte est fini et le rideau tombe.

Car le rideau ne se lève pas. A la fin des actes, il se déploie horizontalement et avec lenteur pour laisser plus longtemps le spectateur sous l'impression de la scène qui se continue; mais à la fin des entr'actes il tombe brusquement, afin d'éblouir tout d'un coup le public par les splendeurs de la mise en scène.

Puis des valets retirent l'étoffe par la coulisse.

On change plusieurs fois de rideaux dans une même soirée. Ces toiles, couvertes de caractères cursifs des plus fantastiques, noir sur orange, blanc sur bleu, violet sur rouge, avec des liserés qui font relief, sont des cadeaux qu'on fait aux principaux acteurs qui voyagent avec leurs rideaux et leurs costumes. Il va sans dire que plus un acteur a de rideaux plus il est célèbre, et que, lorsqu'on veut parler d'un comédien de grand talent, on dit : « C'est un homme qui a six rideaux. »

XXXII

LES AVENTURES DE LA BELLE SIGUENOI

ous retournons dans la salle pour voir où en sont les amours de la belle héroïne.

Car au Japon comme en France, il y a peu de pièces sans incidents amoureux.

Voici d'ailleurs le sujet de la comédie assez dramatique à laquelle nous assistons :

Siguenoï, jeune fille de la cour du gouverneur shiogounal de Kioto, a, dans une cérémonie religieuse, aperçu le beau Yossakou.

Elle a été jusqu'à lui donner un rendez-vous dans le pavillon de la régente. Là, le jeune homme a perdu sa boîte à pilules; il est compromis et obligé de fuir.

On ne devrait jamais prendre médecine quand on est amoureux. Vous voyez où cela mène.

Les lois, à cette époque, étaient excessivement sévères au sujet de la conduite des jeunes filles, ce qui ne les empêchait pas, comme on voit, de donner des rendez-vous aux jolis garçons.

Or Siguenoï, s'apercevant qu'elle va devenir mère, se sauve de la cour — car il y allait tout simplement pour elle de la peine de mort.

Au moment où la toile vient de tomber, Siguenoï est revenue à la cour, où l'on a fermé les yeux sur son aventure, car elle a eu le soin de cacher son fils chez un parent.

Le parent, homme négligent, s'est débarrassé de l'enfant, et l'a confié à un maître d'école.

Et — il n'y a qu'au théâtre japonais que l'on voit de pareilles coïncidences — le maître d'école est justement le jeune Yossakou, le père de l'enfant.

Yossakou a vu passer un cortége princier; sur les bagages il a lu le nom de la fille du gouverneur de Kioto et, sur quelques colis, le nom de sa bien-aimée, la belle Siguenoï, qui est suivante de la jeune princesse.

Or, il apprend que la fille du régent va se marier le lendemain avec le prince Yamana-outchi, fils d'un des deux régents de Kamakoura.

Alors il fait habiller l'enfant en fils de *mago* et l'envoie chez le prince, où il tombe en pleine noce.

Santa, c'est le nom de l'enfant, sait qu'il doit trouver sa mère chez le prince, mais il n'en sait pas plus long.

Arrivé à l'entrée de la galerie qui conduit aux appartements des femmes de la cour, Santa dit qu'il vient voir sa mère. Ces dames, frappées de la grâce et de l'intelligence de cet enfant, le font passer dans le palais.

Siguenoï trouve que Santa a une vague ressemblance avec le fils qu'elle a mis au monde, et la vue des armoiries de son amant, qui sont brodées sur le vêtement de l'enfant, lui ôte tout doute à cet égard et lui fait voir qu'elle a réellement sous les yeux le fils à qui elle n'a pu s'empêcher de penser toujours depuis qu'elle est revenue à la cour.

Ici, le comédien chargé du rôle de la jeune mère exprime d'une manière violente le combat qui se livre dans son cœur. Siguenoï veut embrasser son enfant, lui dire « mon fils! » mais dans quelle circonstance! quel moment plein d'épouvante! elle s'agite convulsivement et, si le public ne comprend pas à quel point elle est perplexe, s'il ne voit

pas à la fois ses transports de joie et ses élans de douleur, ce n'est certes pas la faute de l'acteur. Il est toujours bien entendu que, d'après les lois de l'époque, la malheureuse risque sa tête.

Siguenoï demande à l'enfant :

— Quel est le nom de ton père?

— Mon père s'appelle Tamba-Yossakou.

— As-tu ta mère?

— Ma mère, répond-il en pleurant, a disparu dès ma naissance. Papa m'a dit que je pourrai la voir ici. Si vous savez où elle est, dites-le-moi, oh! dites-le-moi, je vous en prie!

Et l'enfant se traîne aux pieds de la belle.

La jeune femme se sent fendre le cœur par ces mots qui réveillent ses sentiments maternels. Mais comment s'expliquer en présence de tant de monde? Et les convulsions dramatiques la reprennent.

— Mon enfant, quelle est la profession de ton père?

— Papa, c'est le maître d'école; ordinairement je ne porte pas cet habit, mais papa m'a dit que je ne pourrais voir maman sans m'habiller ainsi. Pourquoi pleurez-vous? vous paraissez m'aimer autant que m'aimerait la mère que je cherche, je ne veux plus vous quitter.

Et il la retient par le bas de sa robe.

La mère tremble que son secret ne se découvre. Elle est pourtant si heureuse de sentir son fils à ses pieds; elle veut le repousser, mais sa main l'attire et le caresse, elle va éclater et tout perdre.

Heureusement elle parvient à surmonter son émotion et dit d'un accent résolu :

— Que sa mère soit ici ou non, peu importe; mais du moment qu'elle a abandonné son enfant au berceau, elle n'est plus digne d'être sa mère.

Et Santa, qui comprend qu'entre cette femme et lui il y a une barrière infranchissable, s'écrie tristement :

— Oui, si la mère a abandonné son enfant, elle n'est plus mère, et l'enfant n'est plus son enfant.

Et il se décide à partir.

La scène est longue, mais très-palpitante.

Le chœur avec sa guitare intervient à tout moment; le chœur a des mouvements de joie qu'il réprime aussitôt pour sangloter en mesure.

L'enfant est lent à s'en aller ; la mère le rappelle et verse devant lui une somme d'argent.

— Je ne veux rien recevoir de celle qui n'est pas ma mère !

Et il part en suivant le grand chemin du public, se retournant à chaque pas pour voir une fois de plus sa mère, qui ne cesse de pleurer.

Dans les pièces japonaises historiques, c'est la guerre civile qui est le *deus ex machinâ*.

Le prince Sadamassa, l'autre régent de Kamakoura, qui était resté tranquille jusqu'ici, s'aperçoit tout d'un coup que le mariage du prince Yamanaoutchi, fils de son collègue et rival, avec la fille du régent de Kioto, va donner à celui qui partage sa puissance une importance supérieure à la sienne, et il prend les armes pour combattre le futur époux, qu'il attaque au moment du mariage.

Le jeune prince est mis en déroute et la princesse, sa future, évanouie dans les bras de Siguenoï, va devenir la proie du vainqueur.

Mais Yossakou a quitté son pupitre de maître d'école et a pris son vieux sabre de guerrier ; il arrive sur le champ de bataille à temps pour sauver et la princesse et son amante.

La pièce se termine à Kioto où le régent, pour récompenser Yossakou de son dévouement, lui rend sa place et lui fait épouser Siguenoï.

Tout est bien qui finit bien.

Du reste, nous n'attendons pas, pour nous esquiver, le dénoûment de cette longue histoire. La pièce, commencée à midi, doit finir au lever du soleil. Et, de même que nous nous sommes privés de l'exposition du sujet, nous nous contentons de nous en faire raconter les conclusions.

Et nous retournons à l'hôtel en traversant les rues désertes, où l'on ne rencontre que de rares policemen et de nombreux chiens errants.

Et nous retournons à l'hôtel, en traversant les rues désertes où l'on
ne rencontre que de rares policemen et de nombreux chiens errants.

(Page 240).

ÉPILOGUE

Peut-être le lecteur trouve-t-il qu'en voilà suffisamment.

Quant à moi, je suis stupéfait d'avoir terminé un volume avec trois épisodes : un coup d'œil sur Yokohama, une excursion à Enoshima et une soirée au théâtre.

Comment cela se fait-il ? je ne fais que commencer.

J'ai tant de choses à raconter. J'ai à promener le lecteur jusqu'à Yedo, la nouvelle capitale encore toute pleine du souvenir des Taïkouns, jusqu'à Nikko, au site alpestre, aux temples dorés perdus dans les forêts, jusqu'à Iohé, la ville sainte aux rites étranges ; j'ai à lui faire faire le voyage de Kioto par le Tookaïdoo, la plus belle route du monde, à lui faire visiter les temples et les palais de cette vieille capitale !

Et Régamey a encore tant de croquis à exhumer de ses cartons !

Aussi c'est sa faute. Il a fait trop de dessins. On n'a jamais vu un livre où il y ait tant d'illustrations, d'en-têtes, d'initiales, de culs-de-

lampe, de gravures hors texte... que le malheureux auteur n'ait plus
la place d'aligner ses petites phrases.

Je ne vois qu'un moyen de sortir d'embarras.

C'est de dire, avec l'autorisation de l'éditeur :

La suite au prochain numéro.

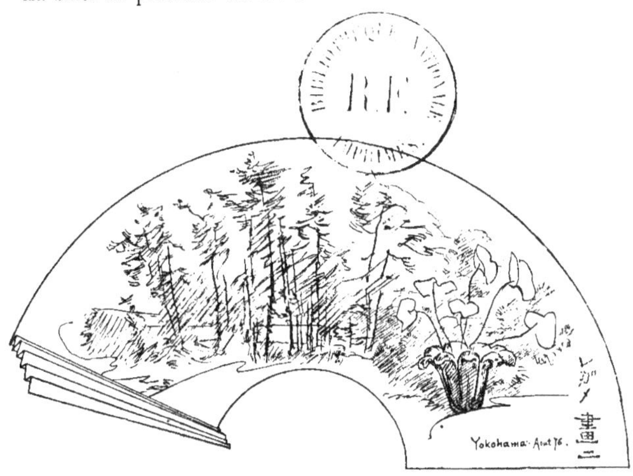

FIN

Paris. — Charles UNSINGER. imprimeur, 83, rue du Bac.